다정한 남편의 사랑스런 아내 이해하기

제임스 도브슨 지음
권명달 옮김

보이스사

이 책은 제임스 도브슨 박사의
"What wives wish their husbands
knew about women"을
번역한 것입니다.

차례

제1장 집안 일의 설계자인 엄마 • 7
제2장 무엇이 여성을 우울하게 만드는가? • 15
제3장 자신감의 부족 • 24
제4장 피로감과 시간에 대한 압박감 • 54
제5장 고독, 단절, 지루함과 낭만적인 사랑이 없는
　　　결혼생활 • 78
제6장 경제적인 곤란 • 142
제7장 결혼생활에 있어서의 성에 관한 문제 • 155
제8장 월경과 기타의 생리적인 문제들 • 198
제9장 어린이 때문에 생겨나는 문제 • 217
제10장 노년기에 대한 소고 • 238
제11장 맺는말 • 247

제1장
집안 일의 설계자인 엄마

이 책이 나의 사랑하는 아들 라이언에게 바친 것임을 여러분들이 알아 두길 바란다. 이 꼬마는 지금 세 살인데 아직 아장거리며 다니는 아기이다. 이 아이는 우리가 흔히 책 속에서 읽게 되는 18개월부터 40개월 사이에 있는 어린이의 전형이라고 할 수 있다. 가장 활발한 시기인만큼 온갖 환희와 신나는 일들이 끊임없이 솟아나는 원기로 가득차 있으며 라이언에게 있어서도 마찬가지다. 사실 그가 18개월 되던 바로 그날은 비록 작은 목소리로 귀에 대고 속삭였지만 그것은 힘있는 말과도 같았다. "자, 꼬마야. 이제부터야." 그날 오후부터 라이언은 마구 달리기 시작했으며 아직까지도 제 힘껏 뛰어다니고 있다. 그는 심술쟁이도 아니며 건방지게 어른에게 대드는 일도 없다. 그렇지만 호기심만은 끝이 없어서 무슨 일이나 깊이 빨려들곤 한다. 맘대로 하도록 허락만 해준다면 라이언은 무엇이든지 엎질러버리고 부서뜨리고 분해해 놓고, 여기저기 흐트러뜨리거나 다시 고칠 수 없게 망가뜨리게 될 것이다. 아이를 조용하게 두는 것은 젤리를 나무에다가 붙잡아 매두는 것처럼이나 불가능한 일이다. 물론 매 순간마다 그는 겨우 아슬아슬한 고비를 넘기곤 한다. 정말로 마음이 침착한 어른 한 사람이 종일 그의 곁에 붙어다니며 위험으로부터 보호해야만 하는 형편이다. 때로 그 책임이 내게로 떨어지는 수가 있다.

어느 날 아침 나는 라이언과 같이 집에 남게 되었는데 나는 갑자기 이분 동안 이 꼬마 말썽꾼이 아무런 소리도 내지 않고 있는 것을 깨달았다(라이언을 돌보고 있을 때, 조용하다는 것도 절대로 좋은 일이 아니다). 나는 곧 아이를 찾으려고 온 방안에 들어가 보고 집안을 전부 뒤졌지만 아무데도 없었다. 마침내 나는 부엌의 창문을 통해서 길가에 누군가가 세워둔 트럭 위를 기어 올라가고 있는 라이언을 찾아 냈다. 트럭의 바닥은 라이언의 키보다 훨씬 깊었고 라이언이 기어 오르기에는 너무 힘든 높이였다. 내가 보았을 때 라이언은 내려오려고 발버둥을 치고 있었다.

그는 허리를 굽히고서 트럭의 꽁무니에 매달려 있다시피 했지만 아직도 열 두 자나 열다섯 자 정도의 높이에 있었다. 그 아이가 떨어지려는 것을 보고, 나는 소리도 없이 그 쪽으로 뛰어가 아이가 떨어지면 받으려고 손을 내밀었다. 그렇지만 내가 가까이 가자 아이는 혼자 중얼거리고 있었다. 그는 울지도 않고 투덜대거나 소리지르지도 않았다. 좁은 공간에다 발 한 쪽만을 겨우 붙인 채 조용히 '누구든 좀 도와 줘야 할 텐데. 아무도 도와 주러 오지 않는 거야?'라고 중얼거렸다. 이 말은 그의 생활방식을 잘 나타내주고 있다. 왜냐하면 아이를 돌보는 것이 라이언을 사랑하는 엄마와 나의 직업이었기 때문이다.

트럭에서 벌어졌던 그 사건 이후로 꼬마 라이언은 그의 또 다른 날카로운 면을 보여 주었다. 내 아내 셜리가 스키를 타다가 다리가 부러졌기 때문에 몇 주간을 내가 그녀의 일을 도맡아야 했다. 나는 그때를 통해서 맞은 편 담벼락의 초록빛에 대해서도 많은 것을 배웠다. 그것은 푸르기만한 것이 아니었다. 그것은 먹을 수 없는 것이라는 것이다. 일을 맡은 첫날 아침에 라이언은 엄마라는 역할을 내게 가르치기 시작했다. 아침 여섯 시에 커다란 울음소리로 나를 깨운 것이다. 깊은 꿈 속을 헤매던 나는 느릿느릿 침대에서 나와서 라이언의 방 쪽으로 갔다. 그동안 라이언은 제 목청을 있는대로 크게 해서 울고 있었다(그 소리는 손톱으로 칠판을 긁어대는 소리처럼 신경에 거슬렸다). 그 아이의 방문을 열자 갑자기 울음소리가 그치고 아주 명랑한 소리로 "아침 준비 됐어요?" 하는 것이었다. 나는 "힘껏 해보고 있는 중이란다, 라이언" 하고 대답을 했다.

나는 부엌으로 가서 꼬마에게 줄 음식을 찾았지만 거의 졸고 있는 상태였다. 나는 멍한 눈으로 찬장을 바라보면서 무엇이든지 빨리 튀어 나오기를 고대하고 있었다. 그 사이에 라이언은 침대에서 기어나와 나를 따라 부엌까지 와 있었다. 그리고는 아직 잠에 취해 있는 아빠로서는 제일 귀찮은 일을 시작했다. 그것은 자꾸만 말을 시키는 일이었다.

아이가 말한다. "베이컨도 나와요?" 그리고는 "왜 우유가 안 왔을까?" 그리고 "준비가 거의 됐나요?"

그렇지만 나는 그의 질문은 무시해 버렸다. 열 두어 가지의 질문을 했지만 아무 대답도 해주지 않았다. 그러다가 마침내 그 애가 중얼거리면서 한숨을 쉬는 것을 겨우 알아 들었다. '이젠 아빠한테 질렸어요!'

그럼 엄마는 아이들에게 무슨 일을 해주어야만 한단 말인가? 나는 도무지 모르겠다. 다시 들어가서 내책「아동 및 청소년 교육의 비결」을 읽어 보았지만 해뜨기 전부터 꼬마들에게 해주어야 되는 일에 관해서는 나오지 않았다. 나는 아내에게 만일 당신이 다시 일을 하게 된다면 나는 옛날 이스라엘의 성문 앞에 앉아 있던 장로들과 같이 벌떡 일어나서 그녀를 매일 깨워 주겠다고 말했다. 사실 나에게는 문 앞의 장로들과 앉아 있을 기회가 다시 한번 더 오지 않았다.

어머니 역할을 해야 했던 짧은 몇 날의 경험을 통해서, 여성

제1장 집안 일의 설계자인 엄마

　들과 상담을 하면서 얻은 경험을 통해서, 나는 어머니 노릇과 아내의 역할을 해내는 여러 가지 기술에 대해 얼마나 깊은 감사를 느꼈는지 모른다. 내 견해로는 그들의 역할이 우리 사회 전체의 건강과 생기를 불어 넣어 주는데 가장 중요한 역할을 한다고 생각하고 있으며, 오늘날처럼 주부에 대해 존경도 표해주지 않고 그 지위마저 보장되지 않는 사실이 무척이나 유감스럽다.
　그렇지만 집안 일이라는 것이 여성들에게 여러 가지로 중압감과 긴장을 주지만 우리는 정면으로 부딪쳐야만 한다. 가족의 행복에 큰 공헌을 하고 있는 어머니에게도 가끔은 이 모든 것에서 멀리 달아나 버리고 싶은 순간이 올 것이다. 라이언 같은 꼬마를 365일간 쉬지않고 돌보아야 한다는 것은 너무나도 기력이 많이 들고 신경을 거슬리는 일일 것이다. 이런 꼬마들은 늘 시끄럽고 서로 치고 받거나 하며 엉뚱한 짓만 저지르고, 속옷을 적시거나 가구를 상하게 하는 등 하루 종일 엄마의 곤두선 신경을 긁어댄다. '이 세상에서 내가 도대체 무슨 일을 하고 있는 걸까?' 하는 회의도 없이 이런 아이를 기르려면 정말 초인적인 힘이 필요할 것이다.
　또한 여성들은 남성에게서는 별로 볼 수 없는 문젯거리나 중압감을 받게 된다. 늘 집에 남아 있어야 하는 여성으로서는 특히 인간관계에서 오는 고독이 많을 것이다. 여성들은 자주 사람들과의 접촉을 갈망하고 있음을 느끼곤 한다. 처녀시절에 있었던 낭만적인 추억이나 사랑 혹은 기쁨을 되찾고 싶은 욕망도 생긴다. 매일 텔레비전의 연속극을 보게 되는 일이 바로 인간의 생활속에 끼어들고 싶은 욕구를 반영해주고 있다. 너무나 동떨어져 있기 때문이다. 이것은 결코 작은 문제가 아니다.

결혼생활에 대해 내게 상담해 오는 사람들이 말하는 것 중에서 가장 흔한 것이 바로 이런 좌절감이다. 앞에 말한 충족되지 못하는 욕구를 경험한 여성은 자기 남편에게조차 이런 느낌을 표현해 볼 수가 없는 경우가 많다. 자신의 인생으로부터 가장 중요한 요소가 사라져 버렸다고 느끼는 여성들이, 이런 요소를 남편이 보충해 주기를 바라게 되는 것은 당연하다. 남편이 자신의 공포와 좌절감을 깊이 이해해 주기를 몹시도 갈망하고 있지만 그렇게 할 수 없는 것처럼 여겨진다. 열심히 해보지만 그 결과는 항상 마찬가지다. 이해와 도움을 얻고자 하던 노력이 좌절되면 마치 그것은 잔소리나 바가지, 자기 연민, 그리고 여러 가지 형태의 적대감으로 오인되어 버리기가 쉽다.

그리고 모든 남성들은 두뇌 속에 조그만 단추 하나가 있어서 듣기 싫은 소리는 그냥 넘겨버릴 수 있는 장치가 있는 것이다. 어떤 부인은 다음과 같은 편지에서 수많은 사람들이 지니고 있는 감정을 간결히 나타내 주고 있다. "의사소통이 안되는 것이 저를 우울하게 만듭니다. 우리의 문제점을 해결해 보려고 하거나 그런 것에 대해 이야기를 꺼내면 남편은 아주 냉정

제1장 집안 일의 설계자인 엄마

하게 침묵으로 담을 쌓아 버립니다. 무엇이든지 좀 의논해 보려고 하면 극단적으로 부정해 버립니다. 우리 사이에 아무런 문제가 없는 것으로 여기고 있는 것 같이 말입니다."

모든 남성들을 비난하려고 이 책을 쓰는 것은 아니다. 요즘엔 그런 일들이 너무 많은 것 같다. 아빠는 바보 취급을 하고 고집불통, 착취자, 섹스광, 축구광, 이기주의자, 여자를 싫어하는 사람으로 여기는 것이 유행처럼 되었다. 화가 나 있는 여성들의 이야기를 들어보면 남자라는 것은 장화 위로 기어가는 뱀보다도 천하다고까지 말한다. 내 자신 남성으로서 이런 말들을 내 문제로서 생각해 보고 싶다. 그렇지만 너무 많은 남성들이 자기 아내의 정서적인 욕구를 이해하지 못하고 있다는 것만은 사실이다. 그들은 아주 광범위한 자기 자신의 문제 속에서 전혀 다른 세계에 살고 있는 것이다. 또한 그들 스스로 여성의 입장이 되어 여성들과 같이 보고 느끼게 될 수가 없으며, 자기 자신의 일에만 골몰해서 그런 것들을 듣기조차 싫어한다. 이유야 어찌됐든 간에 여성들은 남자들이 전혀 이해할 수도 없는 것을 필요로 하고 있다. 이 책의 제목을 「다정한 남편의 사랑스런 아내 이해하기」라고 잡은 것도 바로 이런 몰이해를 바로 잡기 위한 때문이다.

이 책에서는 미국 여성이 가정생활이나 가족생활을 이끌어 나가는데 특별히 참고가 될만한 것들을 적었다. 여성이 당면하는 여러 가지 문제나 난관에는 해결책이 있기 마련이며, 이런 방법들은 실제로 다른 사람들의 생활에 영향을 끼치는 것으로 나타났다. 또한 여기에서는 여성 감정의 본질과 매일매일의 생활에 그것들이 끼치는 영향에 대해 논해 보고자 한다. 간단히 말해서 이 책의 주요 골자는 다음과 같다.

1. 여성들로 하여금 자기의 욕구를 남편에게 말하도록 돕는 것.
2. 고립됐다는 사슬에서 벗어나도록 도와 주는 것.
3. 어머니로서의 의무를 잘 해낼 수 있는 비결을 알려 주는 것.
4. 여성들의 공통되는 우울감의 원인과 거기에 대한 해결책에 대해서.
5. 일상적인 골칫거리에 대한 알맞는 해결책을 제공하는 것.
6. 자신감을 키워 주고 긍정적인 사고방식을 갖도록 이끄는 것.
7. 낭만적인 사랑의 진정한 의미를 가르쳐 주는 것.

이것은 너무나 거창한 것이라서 미국 헌법 서문의 일부같기도 하다. 그렇지만 목표물이 어디에 있는지 알고 있는 경우에는 똑바로 맞힐 수가 있는 법이다. 그럼 먼저 여성에게 우울감을 주게 되는 원인부터 생각해 보기로 하자.

제2장
무엇이 여성을 우울하게 만드는가?

여성들과 상담을 해본 결과, 어찌할 도리없이 얻어진 결론은 우울과 무감각 증세가 일상적으로 되풀이되는 일이라는 것이다. 여성들 대부분이 실망이나 낙담, 무관심이나 중압감, 의기소침 불유쾌한 기분을 가져본 경험을 가지고 있다. 여러 가지 이유 때문에 나는 이런 상태를 'D'라고 부르게 되었다. 상담하러 온 사람들이 "오늘은 D의 날이었어요" 하고 말을 하면, 나는 정확히 그 뜻을 알아차릴 수가 있는 것이다.

우울이라는 것은 여성에게만 나타나는 것은 아니다. 그렇지만 남성에게는 확실히 드물며 더욱 나쁜 의미를 내포한다. 즉 다시 말해서 남성들은 사업이나 질병같은 특별한 문제에 대해서만 의욕을 상실하게 되는 것이다. 그렇지만 여성들이 늘상 경험하는 막연하고 매사에 대해 공연히 암담해지는 기분은 별로 경험하지 못한다. 우울증에 잘 빠지는 사람에게는 구름이 낀 날씨조차도 몸이나 기분을 가라앉혀 놓기에 충분하다.

우울이 가져다주는 영향은 남녀에 있어서 주기적으로 일어나는 감정의 본질을 이해함으로써 다소 줄어들 수가 있다. 당신 스스로 기분 상태가 고기압에 이어 저기압이 되고 저기압에 이어서 다시 기분이 올라가는 것을 느껴본 적이 있는가? 환희라는 극대점부터 우울이라는 최하점까지 마치 산수의 싸인 곡선과 같은 규칙적인 변화가 있는 법이다.

그렇지만 다른 사람에 비해 한 쪽 방향으로만 더욱 심하게 올라가거나 내려가는 사람은 없다. 이 곡선의 중앙부에 가로로 직선을 그어보면 즉, 감정의 중심을 나타내고 있는 점으로부터 양극의 최고점이 같은 거리에 있다는 것이다. 그러면 한두 가지 예를 들어 보기로 하자. 첫째 타입의 사람은 아래에 그려본대로 어떠한 일에도 몹시 흥분하는 일이 없다. 이렇게 감정이 무딘 사람은 축구 경기장 같은 데에서도 환호성을 지르는 일이 없으며 너털웃음조차 웃지 않는다. 좋은 일도 나쁜 일도 똑같이 조용히 받아들이는 타입이다. 한편으로 몹시 낙담하는 일도 없다. 좀 둔한 편이지만 늘 그런 것은 아니다. 여

제2장 무엇이 여성을 우울하게 만드는가?

러분들은 그런 사람들에게 의지할 수 있다. 오늘도 어제와 똑같고 내일도 같을 것이며 내년 11월에도 마찬가지일 것이다.

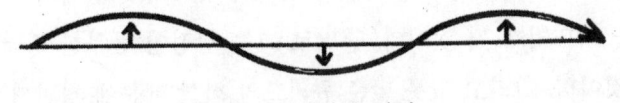

첫번째 타입의 사랑

이와는 대조적으로 두번째 타입의 사람은(아래에 그려본 것) 정말로 기복이 심한 사람들이다. 이런 사람들은 지붕 꼭대기에서부터 지하실 밑바닥까지 가라앉았다가 다시 튕겨져 올라가는 타입의 사람이다.

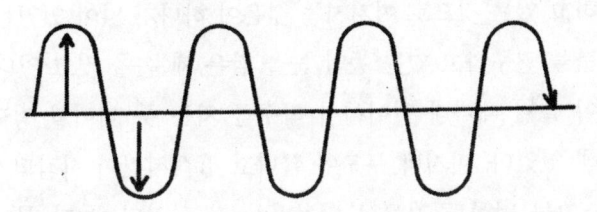

두번째 타입의 사람

우리가 쉽게 알 수 있는대로 이런 타입의 사람들은 시시때때로 몹시 행복해진다. 아침에 일어나면 해가 떠 있는 것만으로도 즐거워져서 웃어댄다. 꽃밭을 날아 다니는 새들에게도 손을 흔들고 싶어지며 꽃에게도 미소를 보낸다. 이런 사람들을 잘 살펴보자. 오래 가지 못해서 그런 기분은 모두 사라질 것이다. 갑자기 기분이 침체되어서 완전히 가라앉아 버릴 것이다. 무엇하나 제대로 되어지지 않으며, 정말로 사는 재미도 없어지고 친구도 없는 것 같고 온 세상에는 슬픔만 가득한 느낌이 들 것이다. 너무나 감상에 젖어서 슈퍼마켓 앞에서도 울음을 터뜨리게 될 것이다. 정말로 그는 감정이 풍부한 장난꾼인 것이다. 그리고 잘못 맞춘 큐피드의 화살 때문에 첫번째 타입의 사람과 결혼을 해서 일평생 서로 아옹다옹 다투게 될 것이다.

나는 아내와 유럽 여행길에 베를린에서 교향곡을 들으러 간 일이 있었다. 우리 앞자리에는 아마도 지방대학에서 음악을 공부하고 있는 것으로 여겨지는 젊은이 하나가 앉아 있었는데, 첫부분을 연주하고 있는 동안 눈을 감은 채 손을 젓고 있다가, 악장이 끝날 때마다 일어서서 박수를 치는 듯 기이할 정도로 열광해 있었다. 마지막 부분이 끝나고 휴식시간이 시작되기도 전에, 그는 너무도 기뻐서 미쳐버린 것 같았다. 누가 본다면 마치 콜럼비아 축구팀이 노트르담을 물리치고 국내 선수권을 획득한 것으로 착각할 정도였다. 그는 계속 "최고, 최고다" 하면서 지휘자를 향해 외쳐댔다. 그런데 누가 알았겠는가? 두번째 연주곡은 그를 망쳐 버렸다. 그는 의자에 푹 파묻힌 채 오케스트라를 야유했다. 그리고 연주회 내내 불유쾌한 기분으로 계속 중얼거렸다.

그러다가 마침내는 일어서서 통로 쪽으로 가더니 베에토벤

제2장 무엇이 여성을 우울하게 만드는가?

의 5번 교향곡이 연주되는 동안에 공연장 안을 활보하는 것이었다. 연주회가 있기 전에 혹은 끝난 후에는 이 젊은이를 보지는 못했지만, 나는 분명히 그가 두번째 타입의 성격을 가지고 있다는 것을 자신있게 말할 수 있다. 아주 최고로 고조될 수 있다는 것은 처음 연주곡에서 보여 주었고, 이에 뒤따라 똑같은 정도로 침체되는 것을 그날 저녁에 모두 보여준 셈이다. 솔직히 말해서, 내게는 그 음악보다도 그의 행동이 더 재미있었지만 막상 그런 사람이 내 처남이 된다면 별로 달갑게 여길만한 일이 아니다. 그런 사람은 정말 골칫거리이다. 그의 아내되는 여성은 정말 재미있는 이야깃거리가 많을 것이다.

사람에게 일어나는 감정적인 리듬에 대해 알아두는 것이 좋다. 아주 극단적으로 기분을 좋게 해주는 일은 얼마 안가서 아주 우울하게 되며, 또한 기분 나쁜 일에 있어서도 이와 마찬가지다. 그 예로서 몇 년 전에 아내와 나는 새 집을 산 적이 있다. 여러 해 동안 좋은 집을 구하고 있었는데 등기 이전이 끝나고 그 소유권이 우리에게로 넘어 왔을 때 우리는 몹시 들떠 있었다. 이런 기분이 몇 날간 계속되자 나는 셜리와 의논을 했다. 나는 말하기를 우리는 너무 기분이 들떠 있기 때문에 분명히 이 기분이 망쳐지게 될 것이라고 했다. 감정이란 것은 고조된 상태로 오랫동안 지속되지는 못하는 것이다. 더욱 중요한 것은 짧은 시간 안에 기분이 축 내려가 버리기 쉽다는 것이다. 예상했던대로 우리는 사흘이 못되어서 공연히 침체되기 시작했다. 집은 그리 대단하지도 않았고, 특히 기뻐할만한 아무 특징도 없었다. 그러나 우리는 애초에 기분이 내려갈 것이라는 예상을 했었기 때문에, 그런 시기가 막상 닥쳤을 때도 그것을 일시적인 변동이거니 하는 식으로 받아들일 수가 있었다.

 기분이 침체되는 것이, 당연히 일어나게 되는 변화의 순서라는 것만 깨닫는다면 좀더 견뎌내기가 쉬울 것이다. 그런 일은 정신없이 지냈던 공휴일이 지난 다음, 아기가 태어난 후, 승진이 된 후, 혹은 잠깐 휴가를 즐긴 후에 일시적으로 나타나게 된다. 이런 현상은 본질적으로 어느 정도는 신체적인 요소에 기인하고 있다. 분명히 감정의 고조에는 원기가 많이 소모되는데, 그것은 모든 기관이 활발히 가속되어서 움직이고 있기 때문이다. 이런 다음에 나타나는 당연한 결과는 피로와 나른함으로 기분도 침체되는 것이다. 즉, 고조된 상태가 지난 뒤에는 침체기가 와야만 한다. 이런 제도는 심리적인 법칙에 의해 지배되고 있다. 당신도 마찬가지이다. 그렇지만 보통 건강한 사람에게 있어서는 고맙게도 침체된 상태가 차츰 기분을 높여주게 되는 법이다.

 앞에 한 이야기로 되돌아가서 내가 걱정하는 것은 고조된 상태에서 침체된 상태로 떨어지는 정상적인 변동이 아니다. 생각하는 것보다도 여성에 있어서는 이 침체기가 유난히 길어지는 경향이 있다는 사실이다. 최고점과 최하점을 반복하는

제2장 무엇이 여성을 우울하게 만드는가?

 대신에, 이런 사람들은 한 달에 2, 3주 정도는 우울해 있고 용기도 잃어버린 상태로 머무는 것이다. 그 중 어떤 이들은 수년 동안이나 아무런 변동없이 이런 침체 속에서 헤어나지 못하고 있다. 내가 하고 있는 일을 통해서 이런 불평을 너무나 많이 들어왔기 때문에 내가 그 이유와 해결책을 찾아 내려고 애쓰게 된 것이다.

 어려운 문제를 해결하려 들기 전에 먼저 그런 문제를 이해해야만 한다. 예를 들어서 몹쓸 소아마비 바이러스균이 먼저 발견된 후에야 조너스 소크 박사가 거기에 대항할 예방 주사약을 만들 수 있었던 것처럼 말이다. 이처럼 여성에게 찾아오는 침체기를 극복해 내려면 먼저 그 주요 원인을 알아내야 하는 것이다. 나는 상담을 통해서 연령층이나 주위 환경이 전혀 다른 여성들 사이에 공통으로 존재하는 골칫거리나 신경에 거슬리는 사건이 있는 것을 발견했다. 실제로 우리가 아주 익히 알고 있는 문제점 열 가지가 있다. 이런 골칫거리를 만들어내는 전형적인 환경에 대해 정확히 기억할 수 있을 정도로 이것에 대해 여러 차례나 들어왔다. 그래서 나는 "여성의 기분을 침체시키는 요인들"이란 제목으로 열 가지 항목에 대한 설문지를 만들었는데 이것은 흔히 야기되는 문젯거리들이다. 다음 페이지에 이 간단한 시험방법을 써 보았다.

 그 후에 나는 일흔 다섯 명의 여성에게 자신의 입장에서, 열 가지 중에서 가장 기분을 상하게 하는 문제에 1이라고 매기고 가장 관계가 먼 항목에는 10이라고 써 달라고 부탁했다. 그 결과를 종합해서 조사한 여성들의 생활에 가장 깊은 영향을 미치고 있는 문젯거리가 무엇인지 알 수 있게 된다.

이 조사는 여러 가지로 과학적인 특성을 살려 면밀하게 검토해낸 것은 아니지만, 이 설문지에 답한 여성들의 상태를 알 수 있다는 것이 흥미롭다. 일흔 다섯 명의 참가자들은 모두 27살부터 40살까지의 여성들로서 평균 연령은 32살이 된다. 대부분이 아이를 가지고 있고 아직 어린이들이 많다. 이 설문지는 두 교회를 대상으로 한 것이기 때문에 대부분이 철저한 신앙인이다. 중산층의 도시 근교에 살고 있는 주부들이 대부분이다. 각자 자기 이름이나 기타 표식을 하지 않고서 순위를 쓰게 되어 있다(이 설문지는 최근 가정생활 연구회의 주관으로 나온 결과 중 애매한 부분을 확증하기 위해서 5,000명의 주부들을 상대로 조사된 바 있다.)

이 설문지에서 얻은 결과는 참가자의 절반 이상이 상위로 지적받은 원인 열 가지와 함께 다음 페이지에 나와있다(두번째 그룹의 순위도 첫번째 그룹과 비슷했지만 완전히 일치하지는 않았다). 그렇지만 이 결과를 보기 전에 먼저 자신이 그 순위를 매겨 보도록 하자. 먼저 열 가지 항목을 읽어본 다음에 순위를 두 번씩 정하게 된다. 첫번째는 자신의 경험을 토대로 정하며 두번째는 다른 여성들이 흔히 그렇게 하리라는 추측에 따라 정하는 것이다. 남성 독자들이라면 이 조사의 대상이 된 집단의 반응을 예측해서 두번째 칸에 순위를 매겨 보자.

"여성들 사이에서 일어나는 우울증의 요인"

당신의 생활 속에서 느끼는 우울증의 원인에 순서를 매겨 보자. 이름은 안써도 된다.

요 인	당신의 경우	추측의 경우
1. 내 결혼생활에는 낭만적인 사랑이 없다.	_____	_____
2. 시부모와의 갈등.	_____	_____
3. 자신감의 부족.	_____	_____
4. 아이들에 대한 문제.	_____	_____
5. 경제적인 궁핍.	_____	_____
6. 고독, 소외감, 싫증나는 것.	_____	_____
7. 결혼에 있어서 성생활 문제.	_____	_____
8. 생리적인 어려움.	_____	_____
9. 피로감과 시간에 쪼들리는 것.	_____	_____
10. 늙는 일.	_____	_____

제3장
자신감의 부족

믿기지 않을는지 모르지만 자신감의 부족이란 것이 이 설문에 응한 여성의 대다수에서 가장 큰 문젯거리로 나타났다. 50퍼센트의 응답자가 이것을 첫째로 들었고 20퍼센트에서 이것을 상위 다섯 가지의 이유로 들고 있다. 이 결과는 내가 관찰해 오고 예측했던 것과 완전히 일치한 것이다. 겉보기에는 평온하고 행복해 보이는 젊은 주부에게도 열등감과 자신에 대한 회의가 일어나서 깊은 상처를 입게 되는 것이다. 이런 남모르는 고민이라도 같이 상담을 하다보면 5분 안에 털어놓게 된다. 무력감, 확신없는 생활, 그리고 자신의 무가치성들이 수많은 미국 여성들에게 생활습관이 되어 버렸다.

제3장 자신감의 부족

 자신감이 부족하다는 것은 무슨 의미일까? 마음 속에 깊이 자리잡은 자신의 무능감과 싸우면서 어떤 생각을 하게 될까? 마음속을 계속 맴돌며 불안에 빠뜨리는 이런 어려움과 근심을 나는 상상할 수 있을 것 같다. 그것은 조용한 오후에 집에 혼자 앉아서 왜 전화가 오지 않을까, 왜 참된 친구가 없을까 하고 계속 고민하는 것이다. 누군가가 진심을 털어놓고 얘기할 수 있도록 말을 걸어와 주길 바라지만, 신뢰할만한 친구가 없다는 것을 잘 알고 있다. 그것은 '참된 내 모습을 알게 된다면 나를 싫어하게 될 거야' 하는 느낌이며, 친구들과 이야기하는 것이 두려워지고 집에 돌아오면 자신이 바보짓을 했다는 기분이 드는 것이다. 왜 다른 사람들은 나보다 재주도 많고 능력도 많은가 하고 이상하게 생각하는 것이다. 자신이 정말로 밉게 생겼으며 성적 매력이 없다는 느낌이며, 자신이 엄마나 아내로서 실격자라는 것을 스스로 인정하게 된다. 스스로에 대한 것은 무슨 일이든지 싫어하게 되고, 늘 자신이 전혀 다른 사람으로 되었으면 하고 바라게 된다. 사랑받지 못하는 존재, 사랑받을 수 없는 존재로, 고독하고 늘 슬프다고 여기게 된다. 가족들이 모두 잠들어 버린 뒤에도 혼자 누워서 마음에 가득찬 공허를 달래려고 애쓰며 무조건 사랑해 주기만을 갈망하게 된다. 철저한 자기연민인 셈이다. 어둠 속에서 눈물을 닦아내려고 눈쪽으로 손을 가져가게 된다. 그것이 바로 우울증이다.

내가 지금까지 말한 이 경험을 전혀 이해할 수 없는 독자는 아마도 극소수일 것이다. 아마 그런 사람들은 어린시절에 다재다능했던 여성들일 것이다. 아주 깜찍한 아기였고, 학교에서는 아주 총명했으며, 고등학교 때에도 누구에게나 호감을 받은 사람으로서 응원단장으로, 졸업반 퀸으로서 뽑혔던 사실이 있을 것이다. 이러한 열등감을 경험해 본 일이 없는 극소수의 사람은 이러한 여성특유의 우울증을 일으키는 근본 원인들을 이해할 수가 없을 것이다. 그렇지만 더 많은 사람들에게는 이러한 정서적인 불안감을 늘 느끼게 된다. 여러분도 그런 상태인가? 여러분 스스로가 인생의 실패자요, 낙오자라고 단정을 하고 근심에 잠겨본 적이 있는가? 그렇다면 다음에 나오는 이 책의 내용들이 여러분에게 도움이 될 것이다. 다음에 쓰는 '우울증이 원인'이 되는 각 항목 하나 하나가 거기에 관계된 것이다.

현대 여성들 사이에서 자신감의 부족이 보편적이라는 것을 말했다. 조금 전에 예를 들어서 말했다. 이 책을 쓰고 있는 곳은 우리집 근처의 공공 도서관인데(전화벨 소리가 들리지 않도록 말이다) 대출의 도서관원이 잠시 일손을 놓고 있는 내게로 다가왔다. 늘 오는 손님 중 어느 한 사람이 내가 쓴 책 「어린이에게 좋은 성격을 심는길」이 있는 장소를 알고 싶어하는데 가르쳐 줄 수 없느냐 하는 것이다. 점잖게 생긴 45살 가량의 부인 한 분이 대출대에서 나를 기다리고 있었다. 자신을 소개한 뒤에 그녀는 내게 말했다. "당신이 쓰신 책에서는 자신감에 대한 이야기가 씌어 있다고 들었기 때문에 그 책을 구하려고 애썼지요. 저는 자신의 무력감 때문에 늘 우울해 있거든요. 선생님의 책에서 도움을 얻고 싶군요." 우리는 30분 가량 이야기했는데 그녀는 내가 책에 쓴 것과 똑같은 상태로 갈망하며 곤란을 겪고 있다는 것을 이야기하여 주었지만, 곧 얘기를 그쳐야만 했다. 그 대화 내용을 녹음해 두었더라면, 연령에 관계없이 모든 여성들이 공통적으로 하소연하고 있는 증세에 대한 좋은 예가 되었을 것이다. 이런 문제들은 우리 귀에 익은 노래의 주제가 되고 있다.

자신감의 결핍이 전적으로 여성의 특유한 증상이라고 단언해 버리고 싶지는 않다. 남성들에게 있어서도 여성들에게서처럼 불안감과 자신의 무가치성을 느끼게 되는 경우가 허다하다. 실제로 자신감의 부족이라는 것은 어린이나 청소년, 노년층을 가리지 않고 인간들 모두에게 나타나는 위협거리이며 사회 경제적인 수준에 관계없이 인종이나 윤리 문화적인 차이가 없이 똑같이 나타나고 있는 것이다. 다른 사람들의 시선 속에서 자신이 멸시당하고 있다는 것을 느끼는 사람이면, 모두 다 여기에 사로잡힐 수가 있다. 우리들의 자아관념 중에 90퍼센트 이상이 남들이 자신을 보리라고 여겨지는 관점에 좌우되고 있다. 이 세상 사람들 모두가 나를 우둔하고 추하며 게으르고 재미없는 사람이고 새로운 것이 없고 사귀고 싶지 않은 사람으로 여기는 것처럼 느껴진다면 내 자신도 나를 존경할 수가 없다.

오래된 속담 하나가 있다. "자신이 아무 짝에도 쓸모가 없는 사실을 알게 되면, 견뎌낼 수 있는 사람은 아무도 없다." 이것은 얼마나 현명한 말인가. 은퇴하고서 몇 달 지나지 않아서 큰 병이 나는 일을 종종 찾아볼 수 있다. 자신의 일이 끝나버렸다는 생각이 갑자기 기력을 쇠하게 만드는 것이다. 유명한 의사이자 저술가인 어떤 분은 최근 이런 말을 했다. "자신이 살만한 가치와 목적이 없다고 깨닫게 되면 8개월 이내에 죽고 말 것이다" 이와 똑같은 이유로 해서 제일 반항이 심하고 적의에 가득찬 십대들은 대개가 자신에 대해서, 그리고 장차 어떤 인간이 될 것인지에 대해 절망한 아이들이 많다.

이러한 자신감의 부족이 우리 사회 전체에 걸쳐 침습해 온다면, 왜 특별히 여성에게 주는 충격만을 강조하고 있는지 의문이 날 것이다. 그것은 특히 요즈음에 와서 열등감이란 병이 여성들 사이에 전염병처럼 만연되고 있기 때문이다. 전통적인 여성들의 의무가 요즈음에 와서는 경시되고 있으며, 우스갯거리로 인식되고 있다. 아이를 키우고 살림을 꾸려가는 것이 사회적으로 차지하고 있는 비중은 전국 어디서나 극히 미미하다. 이런일을 맡고 있는 여성 자신들도 아무런 기쁨을 얻지 못하고 있다.

이 과정을 이해하기 위해서는 여기에 관계되는 예를 살피는 것이 좋겠다. 갑자기 치과 의사가 되는 것이 대수롭지 않은 일로 되어 버렸다고 가정해 보자. 잡지마다 이나 잇몸을 만지는 일이 정말 어리석은 일이라는 기사를 한 두 개씩 싣는다고 해 보자. TV의 광고나 연속극, 코미디에서도 이런 소재로 치과 의사들을 웃음거리로 만든다. 이런 식으로 치과 의사들을 풍자하던 것도 시들해지고 나면 그 대신 조롱과 경멸을 보내게 된다. 사회적인 모임에서도 흰 가운을 입은 남자들은 무시를 받게 되고, 그 아내들도 어떤 모임에 가입해서 활동하지 못하게 된다고 생각해 보자. 다른 사람들도, 자신이 치과에서 일한다는 사실이 알려질까봐 이런 의사들의 보조원 노릇이나 거기에 관계된 여러 가지 일들을 맡으려 하지 않을 것이다. 치과 의사의 위치가 사회적으로 형편없이 되어 버린다면 무슨 일이 벌어질까? 분명히 머지않은 시일 안에 충치를 파내어서 새로 해 박기가 어려워질 것이다.

이 예는 아주 극단적이지만 여성에 있어서도 이와 유사한 일이 있을 수가 있다. 주부라는 역할은 지금까지 무시되어 왔으며 하찮은 것으로 여겨져 왔다. 이제 싫증이 나버릴 때까지 주부들은 여러 가지 농담이나 우스갯거리가 되어 왔던 것이다. 지금까지 여러 곳에서 많은 가족들과 대화를 나눠본 결과, 대다수의 여성들이 집에 들어박혀 지내는 것이 스스로 어리석고 따분한 일이라고 여기고 있다는 것을 고백했다. 늘 집안일에만 매달려 지내는 여성들을 여성 잡지에서는 '초인적인 어머니'라고 공공연히 비꼬고 있는 지경이니까. 그들도 대중들의 의견에 귀를 기울이게 된 셈이다. "집에서 집안일이나 하고 있는 여자들은 분명 무언가가 잘못되어 있는 것 같단 말이야."

　나는 지난 주 로스앤젤레스에서 라디오의 좌담회에 출연해서 가정에 들어박혀 있는 상태로는 여성들이 행복할 수가 없다고 주장하는 급진적인 여성 사회자와 논쟁을 한 적이 있다. TV, 잡지, 라디오, 신문, 광고, 여러 가지 서적이나 소설을 막론하고 모두들 이런 관점을 기반으로 해서 한 번쯤은 영향력을 미치게 되며, 결국 그들은 가정에서 얻을 수 있는 여성의 확신과 만족을 산산 조각내고 있는 셈이 된다. 이런 상태에서 수많은 미국의 주부들이 '자신은 필요없는 존재'라는 생각에 빠져들게 되는 것은 당연한 일이라고 할 수 있다. 이런 사회적인 풍조에 대해 귀머거리나 장님은 아닐 테니까.

　그렇지만 여성들의 자존심에 미치는 다른 요인들도 있다. 그 다른 한 가지는 우리 사회에서 '미'라는 것이 차지하는 비중이다. 이 이야기는 「어린이에게 좋은 성격을 심는 길」이라는 책에서 이미 자세히 다루었으므로 여기서 더 이상 쓰지는 않겠다. 외모적인 아름다움(혹은 미인이 못되는 것)이 여성의 자존심에 미치는 영향을 무시할 수 없다. 자신의 신체적인 면을 전혀 무시한 채 인간자체의 가치를 논해 볼 수는 없는 일이기 때문에 자기가 못생겼다고 느끼는 여성은 친구들에 대해 열등감에 사로잡히게 된다. 특히 오늘날과 같이 성이 문란해진 사회에서 이런 압력은 더욱 크게 작용된다. 그 문화가 성에 대해 너무 과열되어 버린다면, 미인만을 높이 평가하고 추한 사람은 멸시해 버리는 풍조가 심해지는 것은 당연한 일이다. 오늘날처럼 전적으로 성이 가장 중요한 위치에 올라서게 된 상태에서 성적 매력이 적은 사람일수록 경쟁하는 것을 두려워하게 될 것이다. 현재의 풍조에 있어서 그런 사람은 일종의 파산자와 같다고 할 수가 있다. 수많은 사람들이 바로 이런 궁지에 놓여 있다.

  아주 작은 신체적인 흠이 있어도 실망을 해야 하고, 조심을 해야 하도록 되는 데에는 광고라는 것이 직접적으로 큰 역할을 했다. 잡지에서 '무서운 주근깨'를 없애주는 신비로운 크림을 선전하고 있는 것을 본 적이 있는가? 거기에는 네 명의 갱년기 여성이 카드놀이를 하고 있는데, 그 중에 한 여인은 자기 손에 점이 있기 때문에 손을 내놓기를 꺼려하고 있는 그림이 나온다. 이 '무서운'이란 단어는 바로 그녀의 상태를 나타내고 있는 말이다. 심각하게 세계적인 비극적인 문제로서 생각해 볼 때, 손 등의 점쯤이야 별로 대단한 것은 아니지만 그 광고를 본 중년 부인들이라면 모두 두려움에 싸여서 자신의 손을 바라보게 될 것이다. 이런 수치를 어떻게 이겨내겠는가? 그것이 정말로 무서운 것이다. 이런식의 하찮은 것을 강조함으로써, 매디슨 가는 우리에게 작은 결점에 대해서까지 멸시감을 갖게 해주고 무력감을 갖게 해주어 왔다.

  미국 여성의 자신감을 좌우하는 세번째 요소는 기본적인 지능지수와 관련이 있다. 쉽게 말해서 자신이 어리석고 우둔하다고 느끼는 것이다. 심리학자들의 수십년 간에 걸친 연구에 의하면 여성과 남성에 있어 지능적으로는 큰 차이가 없다. 단지 그 미치는 범위가 차이가 날 뿐이다. 즉 남성은 수학적이고 추상적인 사고방식에 뛰어난 반면, 여성은 언어나 손재주가 뛰어나다. 그렇지만 각자의 능력은 복합적이어서 성별이란 것은 아무런 영향을 주지 못하고 있다. 왜 그런지는 나도 모르겠지만, 이것은 자신감이 부족하게 되는 큰 이유 중의 하나이다. 이 두 가지 요소가 다 필요하지만, 우연히 남성들은 외모보다는 지성을 더 높이 평가하는 경향이 있다. 그러나 여성들은 이와 반대이다. 일생동안 '미'라는 것이 지성보다 훨씬 중요한 위치를 차지하게 되는 것이다. 일반적으로 여성들이 미모를 더 갖고 싶어하는 이유는 남성들은 생각보다 시선이 앞선다는 사실을 여성들이 알기 때문이다.(신사 여러분을 비방하려는 것은 아니다).

실제로 여성들이 긍지를 느끼지 못하는 이유는 수천 가지가 있지만, 그 중 대부분은 여러 가지 면에 있어서 어린 시절의 가정 생활과 밀접한 관계를 갖고 있다. 어린 시절에 사랑받지 못한다거나 멸시받고 있다고 느껴온 사람은, 어른이 되어서도 그 경험을 잊을 수가 없게 된다. 이가 빠져버린 부위로 혀가 자꾸만 돌아가듯이 인간의 마음은 자꾸만 자신의 가치를 확인해 보려는 방향으로 쏠리게 된다. 즉, 어린 시절의 열등감이 10

제3장 자신감의 부족

여년 후에 나타나서 정신구조에 영향을 미친다는 것이다.
 그렇지만 오늘날의 여성들은 긍지가 없다는 문제를 가지고 어떻게 해결해 보려고 하는가? 아무도 이것을 완전히 무시해 버릴 수는 없는 것이다. 단순한 골칫거리가 아니기 때문이다. 열등감이 주는 고통은 아주 심각해서 고통당하는 사람의 주의를 온통 끌어당기기 마련이다. 매일 매일의 행위는 성적인 욕구를 포함한 기타 여러 가지의 욕구에 의해서 일어나는 것이지 경험에 의한 것은 아니다. 열등감을 느끼는 여성들은 그것을 없앨 수 있는 방법을 찾아야만 하며, 현재 나타나고 있는 타개책 두 가지는 그 행동범위에서 볼 때 양극단에 위치하고 있는 셈이다. 아래에 있는 두 가지의 성격의 형태를 읽으면서 여성 독자들은 자신의 모습을 찾아 보아야만 할 것이다.

1. 기 피

 1966년 가을에 나는 로스앤젤레스의 아동 병원의 직원으로 일했는데, 도착한 날 아침에 전반적인 예비 교육을 받게 되었다. 큰 기관에서 일하고 있는 사람들은 이러한 예비교육에는 익숙해 있다. 새로 들어온 직원들은 전화를 받는 법, 보험이나 퇴직 후의 대책, 병상 특혜 등에 대한 이야기를 듣는다. 이런 이야기들은 언제나 지루하고 하찮은 것으로 여겨지는 법이다. 그런 계획은 그 사람들을 고용하는 인사과에서 세운 것이라고 생각된다. 게시판의 신문 광고란에는 다음과 같은 광고가 실려 있었다. "예비교육 담당자 구함. 생활에 재미를 느끼지 못하고 단조로운 목소리를 가진 사람으로 하품하는 사람들 앞에서도 계속 말할 수 있어야 함. 재치있는 사람은 필요없음. 인사과의 모드 워너너비 양이 아침 잠을 깬 후에 만나 보기 바람."

우리가 알 수 있듯이 나 자신도 그런 예비 교육장에 큰 기대를 갖고 들어가지는 않았다. 203호실에 아침 9시까지 오도록 지시를 받았지만 나는 5분이나 일찍 도착했다. 그날 아침에 온 사람은 모두 열 둘이었는데, 나머지 열 한 사람은 모두가 여성들이었다. 나는 그 이유를 몰랐다. 게다가 그 사람들 모두가 아주 어려 보였다. 열 여덟이나 아홉쯤 되어 보였으니까. 아마도 비서직이나 사무직에 첫발을 내딛는 기회였겠다. 솔직히 말해서 그날의 분위기는 너무나 삭막했다. 처음 나서는 일이라서 그런지 소녀들은 무척 긴장하고 있음이 틀림없었다. 서로 아무 말도 하지 않고서 앉아 있는 열 두 사람들이 모여있다는 것을 생각해 보라. 붐비는 승강기 안에서 어떻게 사람들이 행동했었는지 다시 생각하기만 해도 무시무시한 기분이 든다. 문 앞에 서 있는 사람들 모두가 무슨 중요한 일이라도 일어나고 있는 것처럼, 문위에 적힌 숫자를 바라보고만 있었으니까. 그것은 우리가 모임을 처음으로 시작한 때, 흔히 일어나는 그런 분위기와도 같았다. 한 사람이 옆사람에게 말 한 마디만 건네도 모두들 그쪽을 바라보고 귀를 기울였다. 결국 아무도 쓸데없는 말은 하지 않게 되고 말았다. 우리 열 두 사람이 은근히 기대하고 있는, 단 한 가지의 기대는 한 잔의 커피라도 나왔으면 하는 것이었다. 방 안을 둘러 보았을 때 구석의 책상 위로 큼직한 커피 주전자가 있는 것을 훔쳐 보았기 때문이다. 왜 모임이 늦어지는지 알 수가 없었지만, 담당자가 늑장을 부리고 있는 것은 틀림이 없었다. 담당자는 커피에 대한 말은 하지 않았기 때문에 우리 모두는 그냥 주전자가 요란스레 끓어오르는 소리만 듣고 있어야 했다. 커피 냄새가 온 방에 가득찼기 때문에, 우리는 모두 그 생각에만 골몰했다. 게다가 책상 위에는 열 두 개의 도우넛이 가지런히 놓여 있었기 때문에 우리는 계속 북서쪽으로 시선을 돌리게 되었다.

담당자는 모든 사람들이 바라고 있는 것에 아무런 주의도 기울이지 않았다. 그녀는 단 위에 서서 자기일을 시작했다. 마흔 두 가지나 되는 항목에 대해서 말이다. 아마도 한 시간이 지난 뒤에야 그녀는 무표정한 얼굴로 말했다. "좋아요, 여러분. 이제 좀 쉬면서 다과를 좀 들도록 하지요." 그러나 그녀는 너무도 빈틈이 없었다. 분명히 일을 한 가지씩 해치우려는 태도였다. 그녀는 한꺼번에 그것을 날라오려고 하지 않았다. 한꺼번에 한 사람씩 가는 것이 좋겠다고 생각했던 모양이다. 나는 말발굽 모양으로 된 테이블(아래 그림)의 맨 끝에 앉아 있었는데 그녀는 A위치에 앉았던 여성에게 고개를 돌렸다. "가서 커피 한 잔을 드시지요." 그러자 열 아홉이나 여덟으로 보이는 소녀는 아주 싫증이 난 태도로 방을 둘러보더니 눈은 내리 깔며 조용히 말했다. "고맙습니다만 그럴 생각은 없어요."

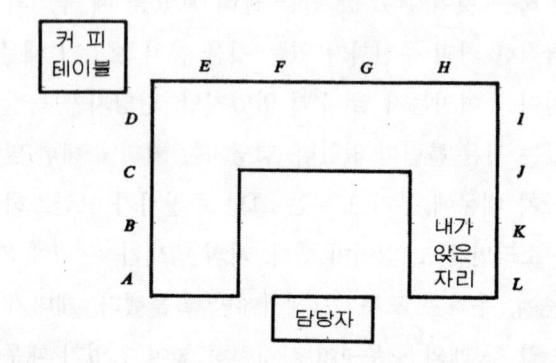

```
        커 피
        테이블
          ┌──────────────────────┐
          │  E    F    G    H    │
        D │                      │ I
        C │     ┌──────────┐     │ J
        B │     │          │내가 │ K
          │     │          │앉은 │
        A │     │          │자리 │ L
          └─────┘          └─────┘
                  담당자
```

나는 그녀가 생각하고 있는 것을 잘 안다. 그녀는 떨면서 테이블까지 갈 수가 없었던 것이다. 커피 주전자에는 꼭지가 있기 때문에 오다가 거기에 델지도 모르기 때문이다. 혼자서 거기에 갔다오는 것은 굉장히 위험하기 때문에 그녀는 그것을 기피해 버린 것이다. 내 생각으로 그녀는 누군가 다른 사람들이 먼저 하는 것을 본 다음에 자신도 실수를 저지르지 않고서 커피를 마시려고 했음이 틀림없다. 아주 재미있게 나는 그녀를 바라보았다.

두려움을 모르는 담당자는 이 게임을 계속하려고 두번째 소녀를 B 위치에 불러냈다. "그러면 당신은 어때요? 커피를 들겠어요?" 그녀가 묻자 그녀는 곧 자신에게 똑같은 위협이 다가오고 있음을 깨달았다. 거기 모인 집단 전체가 처음 소녀가 말한 것을 통해서 이미 의사 표시를 한 셈이다. "오늘은 커피 생각이 없는데요?" 그 중압감이 너무도 커서 그 소녀도 수줍게 말했다. "괜찮습니다."

C 위치에 있던 소녀는 더 조급해졌다. 우리는 커피와 도우넛을 먹는데 있어서 무기명 투표를 해버린 셈인데, 어떻게 그녀 혼자서 자기 의견을 주장할 수가 있겠는가? 그녀 자신으로서는 할 수도 없는 일이었고 하려고 들지도 않았다. "괜찮아요." 그녀도 조용히 말했다.

점점 긴장은 더해 갔다. D, E, F, G, H에 앉은 모든 소녀들이 다과를 사양해 버렸다. 나는 도대체 영문을 알 수가 없었다. 분명 거기에는 다른 사람들의 후각을 자극하는 커피 주전자가 있었다. 색색의 도우넛이 기다리고 있었다. 불모의 사막같은 그 방안에 유일한 오아시스였지만 대상들은 그것을 마시지 않겠다고 거절해 버린 셈이다. 커피를 권하는 게임은 내 차례까지 돌아왔다. 그때까지 승낙한 사람은 한 사람도 없었다. 내 차례가 오자 나는 곧 "네 마셔야죠." 하면서 일어서자 여성들 전부가 내 뒤를 이었다.

뒤를 보자 전부 오고 있었다. 신사 체면이라서 나는 걸음을 멈추고서 다른 아가씨들이 먼저 가기를 기다렸더니 커피 주전자까지 가는데 15분이 걸렸다.

우리 서로에 대한 태도를 보면 정말 놀랍기만 하다. 윤리적으로나 사회적으로 별로 중요하지 않은 행동에 있어서까지 우리는 조롱받지나 않을까 하는 두려움에 위축되는 것이다. 앞에서 본대로 이렇게 '도우넛을 먹느냐, 안먹느냐' 하는 일까지도 안전 제일을 찾고 있는 것이다. 순진한 기피자는 두려움에 몸을 떨면서 움츠러든다. 그것이 해가 되지 않을 때에도 그 생각을 잘 검토해 보지 않고서는 모임에서 발언하려고 하지 않게 된다. 절대적으로 필요한 일이 아닌 이상은 사회적인 위험을 무릅쓰려고 하지 않는 것이다. 자기 시간을 대부분 혼자 지내려고 하며, 조금이라도 위험을 초래하는 일은 하려 들지 않는다. 세상되어 가는 일을 흘깃흘깃 훔쳐볼 뿐 감추어진 자기 자신을 살펴보려고 들지 않는다. 공적은 물론 사적으로도 말이다. 너무나 유순하기만한 사람이 될 것이다(재키 비어논은 "유순한 사람들은 자기 자신이 그것을 차마 거절하지 못할 만큼 소심하기 때문에 땅을 기업으로 받을 것이다"라고 말했는데 나도 그 말이 옳다고 생각한다). 그리고 기피하는 데에 있어서 가장 가슴아픈 동기는 바로 자기 연민에 의한 것이 많다는 것이다. 이런 생활방식에는 항상 격렬한 슬픔이 동반되게 마련이며 결국에 가서는 자기 스스로에게 아주 파괴적인 말만 되새기게 되는 것이다. "네가 그렇게 산통을 다 깨버릴 줄 알았어." 혹은 "넌 무엇하나 제대로 해내지 못해." 또 "그렇게 될 줄 몰랐었니?" "왜, 왜, 왜?" 하고 말이다. 자기 연민에 빠진 사람은 친구조차도 자신의 일상생활에 일어나는 비극을 동조해 줄만한 사람만을 선택하게 된다.

자기 연민이란 것은 깊이 빠져들기가 쉽고 전염되기도 쉬운 것이다. 그것은 도깨비불처럼 쉽게 가족이나 이웃, 혹은 교회의 모임에까지 번져나가게 된다. 또한 그 사람 자신의 의지력을 다 소모시켜서, 늘 피곤하고 무기력하며 비참하고 아무런 의욕조차 갖지 못하게 만든다. 이런 식으로 낙담하는 것이 여성들로 하여금 자기를 증오하고 자살까지 하도록 이끌어내는 것이다.

결국 기피라는 것이 열등감으로 이끄는데 가장 손쉬운 방법만은 아니다. 자신을 지켜 나가는데 가장 비합리적이며 효과가 없는 방법이다. 실제로 그것은 전혀 방어 기능을 하지 못한다. 그러나 수 세기에 걸쳐서 기피라는 것이 여성들의 가장 전형적인 성격이 되어 온 것이다.

2. 투쟁

얼마전 나는 L.A의 TV 생방송 프로에 나가서 여성의 자존심이라는 주제에 대해 토론한 일이 있다. 거기 출연한 다른 어떤 전문가도 질문 하나 제대로 하지 않기 때문에 마치 혼자서 방송하는 것으로 생각했다. 나는 방송국에 도착해서 휴게실로 안내되었을 때, 다른 초청 손님으로 온 여성 하나를 소개받았다. 인사를 한 뒤 그녀는 의자에 푹 파묻혀 앉아서 내가 직접 질문을 할 때까지 아무런 말도 꺼내지 않았다. 그녀의 얼굴에 나타난 찌푸린 표정으로 미루어 보아, 그녀는 나와 같이 카메라를 받는 것이 몹시 싫은 눈치였다. 그때 나는 그녀의 목에 걸린 큰 메달 한 개를 보는데, 거기에는 여성의 고유한 상징을 향해 불끈 쥔 주먹을 내밀고 있는 모양이 새겨져 있었다. 이 다른 초청 손님은 나와 의견이 아주 다른 사람이라는 것을 느꼈다(나는 내 주위에 있는 애매한 이야기의 실마리를 잘 풀어 내는 재간이 있는 것 같다).

"어떤 일을 하고 계신지요?" 나는 단순히 흥미가 있어서 물어 보았다.

"여성들에게 자기 인식을 키워주는 일을 하고 있지요." 라고 그녀는 대답했다.

꼭 다문 채로 떨리는 그녀의 턱을 보면서, 그녀가 내게 더 이상 설명해 주지 않으리라는 것을 깨달았다. 정식방송이 시작되기 전에 대화를 많이 이끌어 놓아야만 했다. 뒤에 있었던 30분간의 방송 동안 남성에 대한 그녀의 악의와 증오가 계속 쏟아져 나왔다. 그녀는 투쟁적인 여성들에 대한 개념을 다시 갖게 했으며, 전통적인 가정문제나 아이를 기르는 문제며 결혼에 대해 비판을 했다. 물론 나는 그 반대되는 입장에서 거기에 맞서는 발언을 하면서, 열등감이나 무력감을 해결하는데 있어서 분노나 적대감이 최선의 방법은 아니라고 말했다. "아니죠." 그녀는 격하게 말했다. "우리는 분노할 필요가 없어요" (여기에 대해서는 다음으로 부연해서 쓰겠다).

이렇게 적의가 가득한 여성이 여성들 사이에 적대감을 널리 퍼뜨리려는 목표를 갖고 있음이 분명했다. 그녀의 손가락 끝에서조차 그런 분노가 발산되고 있었으며 내게는 성미가 고약한 불독을 연상케 해주었다. 그녀가 남성에 대한 적대감을 퍼뜨리려고 하는 동기는 부분적으로나마 경제적인 문제에 있었다. 왜냐하면 그녀의 자기인식을 키워주는 모임에서는 남성을 미워하는 활동에 많은 시간을 보내고 있었기 때문이다. 그런데 그 여성들의 운동에 있어서 그 분노는 어디서 나오는 것일까? 오늘날 자유주의를 주장하는 단체에서는 왜 적대감이 크게 대두되고 있는 것일까? 그 대답은 궁극적으로 열등감에 있다. 분노라는 것이 여러 가지 난관을 해결하는 방법으로 대두되는 경향이 더욱 커지고 있다.

열등감을 느끼는 사람들 사이에서 기피라는 것이 시대에 뒤떨어진 방법이라면, 분노라는 것이 새로운 형태로 등장하고 있는 셈이다. 격분할 줄 아는 사람은 자기를 억압하는 사람에게 주먹을 불끈 쥐고 대들 수가 있다. 그것이 흑인들의 민권 운동이든 갈색 베레 운동이든 유태인 보호 연맹이든 또는 자유화 운동이나 자모회 연맹이든 또는 반전 운동이나 우드로우 윌슨 고등학교의 8학년 학생이든 간에 모든 사람들은 누군가에게 분노를 품고 있다. 그것이 모두 합쳐질 때 우리 사회는 폭력으로 들끓게 되는 것이다. 여성 해방 운동이 이것의 전형이라고 볼 수 있다.

기피나 투쟁이 열등감에 대항하는 반응으로써 유일한 것이 아니고 가장 흔한 방법이라는 것이다. 이 두 가지 방법은 이 문제에 대한 극단적인 방법이기 때문에 아주 좋지 못한 형태라고 할 수가 있다. 이 두 가지는 각각 양극에 위치하고 있다. 모두가 지나친 행동이고 건전하지 못하다. 이런 자신감의 부족에 대해서는 더 좋은 방법이 있다. 그것을 다음 장에서 살펴보기로 하자.

요약

「완고한 사랑」이라는 책의 저자인 조이스 란돌프는 최근 다음과 같은 질문을 사람들에게 던졌다. "만일 당신이 요술 지팡이를 가졌다고 하면 여성들에게 무엇을 변하게 하겠는가?" 나의 대답으로는 그녀의 다른 책 「아름다운 여성」에서 인용하여 써 보았다.

온 세계의 여성들을 위한 처방을 쓴다면 모든 사람에게 필요한 만큼의 긍지와 자부심을 주도록 하겠다(증상이 없어질 때까지 하루에 세 번씩 취하도록). 이것이 가장 절실하게 요구되는 것이라고 나는 확신한다. 여성이 아내나 어머니의 역할만으로도 족하다면 더 나은 어떤 것을 위해서 그 역할을 포기할 필요가 없을 것이다. 그들이 인간적인 가치 면에서 남성과 동등하다는 것을 안다면 그 의무에 있어서 남성과 동등해지려고 할 필요는 없을 것이다. 창조주로부터 지위와 위엄을 허락받았다면, 그 여성다움이란 것이 오늘날처럼 낡은 사고방식으로 여겨지지 않고 가장 존귀한 것으로 평가될 것이다. 그 나라의 장래가 바로 여성을 어떻게 평가하느냐에 달려 있음은 말할 필요도 없으며, 내가 바라는 것은 우리 모두가 예비 숙녀들에게 자신이 여성이라는 특별한 존재로 하나님께 선택받았음을 기뻐하도록 알려주는 것이다.

여성의 세계를 이해하는 데는 내가 만든 '여성의 우울증을 초래하는 요인들'이란 설문지가 큰 도움이 될 것이다. 이 설문에 답한 주부들은 자존심의 결핍 때문에 괴로워하는 것 같지는 않다. 그들은 아주 사교적이고 즐길 줄 알며, 웃고 서로 도울 줄도 안다. 그러나 확신을 가지고 자신의 진실된 느낌을 나타낼 수 있는 기회가 주어진다면 자신에 대한 회의가 드러나게 될 것이다. 이 젊은 여성들 중의 한 사람이 내게 상담을 하러 와서는, 한 시간 이상을 자신의 열등감에 대한 고민을 이야기하며 눈물을 흘린 일이 있다. 이야기 끝에 나는 그녀에게 남편과 이런 이야기를 나눠 본 일이 있느냐고 물었다. 그녀의 대답은 아주 전형적인 것이었다. "8년간 결혼생활을 했지만 제 남편은 제가 그렇게 무력감을 느끼고 있다는 것을 전혀 모릅니다."

열등감이란 것은 긴 세월 동안 지켜질 수 있는 비밀이지만, 많은 주부들이 자기 남편이 이해하여 주기를 갈망하는 것 중의 하나이기도 하다. 다음 페이지는 그 마음을 전달해 주는데 도움이 될 것이다.

질문과 답변

여성을 우울하게 만드는 요인들로 지목한 항목들은 내가 여러 해에 걸쳐서 강연과 연설을 해온 주제들이다. 이렇게 이야기를 마치고 나면 청중들이 자발적으로 질문하고, 거기에 대해서 내가 답변을 하게 된다. 그 중 특별히 몇 가지 질문을 골라서 아래에 적었다(아래와 같은 식보다 가부형이나 선다형의 질문이 더 효과적이라고 여기지만, 나는 쉽게 그 실마리를 풀었다).

질문 : 어떻게 해서 열등감이 생겨나기 시작했나? 나는 늘 무력감을 느끼고 있지만, 언제부터 그렇게 되었는지는 알 수가 없다.

답변 : 그것은 당연하다. 자신에 대한 회의는 존재의식이 생겨나기 시작하는 시기부터 서서히 형성되어 온 것이니까. 어린 아이들도 자신의 가치에 대한 회의를 느낀다. 그것은 걷고 말하려고 하는 욕망처럼 자연스러운 것이다. 맨 처음에는 집안에서 자기의 위치에 대해 평가해 보는 기본적인 것으로 시작을 해서, 그 다음에는 집밖에서 겪는 어린 시절의 사회경험까지 확대된다. 자신의 존재에 대한 초기의 인식이 그 사람의 성격 형성에 깊은 영향을 미치게 되는 것이며, 특별히 고통스러운 경험을 맛보는 경우에 더욱 그러하다. 유치원에 가기 전부터도 자신이 지독히 못나고, 우둔하며, 사랑도 받지 못하며, 어리석기만 하고 괴팍스런 존재라고 단정해 버리게 되는 경우도 드물지 않다.

이런 어린 시절에 느끼는 무력감은 비교적 초등학교 시절에는 차분히 잠재되어 있다. 그것들은 의식의 바로 저변에 자리잡고 있으니까 결코 잠재해 있는 것은 아닌 셈이다. 그렇지만 이런 무력감이 극심한 어린이는 중학교 시절 동안에 열등감이 끊임없이 계속해서 쌓이게 된다. 실패의 상처는 머리 속에 생생하게 새겨진다. 자기에게 좋지 못했던 일은 기억 속에 뚜렷이 새겨진다. 이런 잠잠한 시기 동안에 조롱당할 때마다 연약한 자아는 사정없이 상처를 입게 된다. 그 후부터는 일이 터지는 것이다. 청소년이 되면서부터 그의 내부는 붕괴되기 시작하는 것이다. 지금껏 축적되어 온 여러 가지 일들이 다시 되살

아나 의식 속에서 화산처럼 폭발하게 되는 것이다. 그 후에는 계속 그 비참한 경험 속에만 빠져들게 된다. 당신도 그런 경험을 해보았는지?(우연한 기회에 나는 「아동 및 청소년 교육의 비결」이라는 제목의 책을 쓸 수 있었는데 내가 말한 여러 가지 감정은 어린 시절이나 청소년기를 바로 잡아주는데 도움이 되어줄 것이다. 이책 뒤에 있는 일람표를 보라. 역자주 : 한국판 나왔음)

질문 : 내 친구 하나는 9년간 결혼 생활을 한 끝에 남편이 다른 여자에게 가버렸다. 내가 보기에 그녀는 사랑스럽고 헌신적인 아내인 것 같았는데, 그녀는 결혼생활에 실패한 것을 자기 탓으로 여기고 있는 것 같다. 그래서 그녀는 자신감을 잃어 버렸다. 이것은 아주 전형적인 반응인가?

답변 : 나는 상대방의 순전한 무책임 때문에 희생이 된 사람들이, 결혼 생활의 실패를 자기 탓으로 여기고서 죄책감과 열등감에 빠져드는 것을 볼 때마다 놀랍기만 하다. 눈 앞에 나타나는 거부 현상을 막아보려고 힘을 다하는 사람들이, 때때로 스스로에게 다음과 같이 묻곤 하는 것이 이상하기만 하다. '왜 그 사람을 잃었을까? 나는 그 남자 하나도 붙잡을 수 없는 여자란 말인가?… 난 정말 보잘 것 없는 인간이구나. 그랬으니까 나를 버렸지… 내가 아주 좋은 배우자였더라면 좋았을 걸

제3장 자신감의 부족

… 내가 그를 쫓아버린 거야… 난 예쁘지가 못하거든… 나는 그 사람에게 어울리지가 않아.'

결혼에 실패하는 주원인이 남편이나 아내 두 사람 중에 어느 한 사람의 잘못 때문인 경우는 거의 없다. 옛날처럼 탱고를 추려면 두 사람이 있어야 하듯이 이혼을 하게 되는 것도 두 사람 모두에게 잘못이 있는 것이다. 그렇지만 두 사람 중 어느 한 사람이 자기의 책임을 지키지 않고서 다른 사람을 가까이 하거나 가족적인 속박에서 벗어나려고 할 때에는, 상대방의 조그만 실수도 크게 만들어서 트집을 잡음으로써 자신의 행동을 정당화시키게 된다. "당신은 날 만족시켜 주지 못했으니까 난 다른 사람에게서 그것을 얻어야 하겠어." 이런 식으로 말이다. 이렇게 해서 상대방에게 책임을 돌리면 자신이 저지르는 부당한 일이 어느 정도 가리워지게 되지. 자신감이 없는 남편이나 아내라면 이런 취급을 받을 때, 그것이 정말인 것으로 여겨지는 것이다. "그래요. 내 잘못이 크군요. 내가 당신을 멀리 해 버렸어요." 그래서 여기에 희생당한 쪽이 상대방의 무책임까지를 걸머지게 되면서 자존심이란 것은 점점 무너져가는 것이다.

당신 친구에게, 앉아서 그녀의 남편에 대한 증오감을 생각하도록 하지는 않는다. 비통이나 후회는 우리의 마음을 상하게 하는 암과 같은 것이다. 그렇지만 그녀와 상담할 수만 있다면 사실을 잘 살펴보도록 도와주고 싶다. 이 문제에 대한 답변을 찾아야만 한다. "내 자신의 부족도 있지만 과연 내 결혼 생활은 얼마나 내게 가치가 있는 것이었고, 그것을 잘 지켜나가려고 내가 애를 써왔는가? 남편이 끝장을 내려고 자신의 행동을 정당화시킨 것은 아닌가? 그의 기분을 상하게 한 점을 다시금 돌이킬 수 있는 기회를 내게 주었던가? 내가 그를 만족시켜 주었다 하더라도 내 곁에 붙잡아 둘 수 없을는지도 몰라. 이렇게 되어버린 일을 가지고 내 자신을 증오해야만 할까.?"

당신 친구는 사회적으로 소외당하는 것이 열등감이나 자기 연민을 초래한다는 것을 알아야만 한다. 그리고 특히 자기가 사랑하던 사람으로부터 기만당하는 것은 더욱더 자신감을 무너뜨리는 것이다. 자신을 사랑에 실패한 무가치한 낙오자로 여기지 말고, 공연히 희생이 된 자기 자신을 스스로 자각해야만 한다.

질문 : 당신은 자존심과 외모라는 것의 관계에 대해서 말했다. 나는 여지껏 이성에게 매력적이거나 아름답게 보이리라고 느껴본 적이 없다. 내가 너무 수줍어서 목욕 가운을 입고 있는 것을 남에게 보여주는 것조차 부끄러워하게 되는 걸?

답변 : 수줍음이라는 것에 대하여 본질적으로 세 가지로 나눌 수 있다. 첫번째로 인간의 타락 때문에 생겨난 것이다. 에덴 동산에서 죄를 범했을 때 아담과 하와는 "눈이 밝아져서 자

제3장 자신감의 부족

　신이 벌거벗은 것을 깨달았고, 나뭇잎을 모아서 앞치마를 만들었다"고 했다. 아담의 후손인 우리로서는 우리 신체에 대해서 이와 동일한 느낌을 물려받은 것이다. 요즈음 공공연히 나체로 다니는 풍조는 이러한 본성에 역행하는 것이며, 어느 정도 익숙해져야만이 받아들일 수가 있을 것이다.
　얼마 전에 나는 식당에서 곁에 앉은 얼빠진 소녀가 같이 온 친구에게 자신의 성경험을 이야기하는 것을 우연히 듣게 되었는데, 그녀는 커다란 목소리로 다른 사람들에게 아랑곳하지 않고서, 자신이 이성과의 교제로부터 동성 연애 쪽으로 전향하게 된 것을 이야기하고 있었다. "난 친구들 앞에서 벗은 몸으로 걷는 것이 약간 이상했지만 익숙해지려고 애썼어." 그녀는 이렇게 말을 했다. 그녀의 의식구조나 천부적인 수줍음은 그녀가 적응하려고 애쓰는 현대적인 방식에 의해 깊이 침식당하고 있는 것이다.
　두번째로, 수줍음은 어린 시절의 가정 생활의 소산이다. 다른 식구들 앞에서는 자신을 절대로 드러내지 말아야 한다고, 강압적으로 교육받아온 사람들은 결혼생활에 있어서도 지극히 수줍음을 타게 된다. 당연한 성생활까지도 절대적인 규칙으로만 여기게 되어 버린다.
　유별나게 수줍음을 타게 되는 세번째 요인은, 당신이 말한 것과 같은 것으로 그것이 아마도 제일 큰 영향을 미치는 것 같다. 자신의 육체에 대해 수치를 느끼는 사람은 그것을 감추려고 무척이나 애를 쓰게 된다. 중학교 상급생들의 가장 큰 고민거리는 친구들 앞에서 옷을 벗고 목욕을 하는 것이다. 소년 소녀를 막론하고 발육이 늦기 때문에(혹은 너무 조숙해서) 친구들에게 조롱받지나 않을까 하는 두려움을 품게 된다. 이런 기분이 어른이 되어서까지도 열등감이라는 형태로 남아서 자신을 짓누르게 된다. 그 예로 자신이 못났다고 느끼는 여성일수록 어둠 속에서 성교를 하고 싶어한다. 남편들은 실제로 보는 것에 더 흥분을 느끼고, 행위를 하는 동안에 눈으로 보고싶어 하는데도, 이런 여성들은 막무가내다. 이런 하찮은 견해 차이로 침실에서 사소한 말다툼이 생기는 경우는 적지 않으리라고 생각된다.

이렇게 수줍음을 타는 사람일수록 의사가 진찰을 하는 것을 싫어하게 된다. 자신의 육체에 대해서 민감하지 않은 사람에게도 진찰이라는 것은 아주 죽기만큼 싫은 것이다. 대기실의 비좁은 틈으로, 소변 채집한 것을 들고 온다는 것은 얼마나 이상한 느낌을 주는가?

질문 : 내가 아는 한 여인은 매우 사람을 갈망하면서도 뜻하지 않게 사람들을 멀리하게 되곤 한다. 너무 말이 많고 끊임없이 불평하기 때문에 사람들은 모두들 멀리로 가버리게 된다. 그녀가 아주 심한 열등감에 사로 잡혀 있다는 것을 알기 때문에, 그녀가 허락만 한다면 내가 도와줄 수 있을 텐데 말이다.

그녀를 더 비참하게 만들지 않고서 이 말을 해줄 수는 없을까?

답변 : 당신은 호저라는 동물이 사랑을 하는 식으로 아주 조심스럽게 해야 한다. 당신과 같은 입장에서 이야기하는 경우에 적용되는 일반적인 경향에 대해 이야기 하겠다. 그 충고 자체가 아무리 좋은 내용이라 할지라도, 충분히 충고해 줄만한 신용을 확보해야만 한다. 다른 사람의 자존심에 관한 것이기 때문에 당신은 먼저 그 사람으로부터 존중받도록 해야만 한다. 이러한 것은 사랑어린 분위기로, 친절과 인간적인 따스함을 보여주는 가운데서 이루어져야 한다. 그래서 어느 정도 당신을 신뢰할만한 관계가 될 때에는 비로소 아주 조심스러운 화제에 대해 같이 의논할 권리를 갖게 되는 셈이다. 그러면 당신의 의도가 명확히 드러날 수가 있다.

이 원칙은 요즈음 만연되고 있는 정직하게 대하는 추세와는 전혀 반대되는 것이다. 한 여자가 다른 사람의 집에 들어가면서 말한다. "이 냄새 좀 맡아봐. 가끔씩 청소 좀 해야겠다." 혹은 남편이 아내에게 "나는 추해지는 것은 질색이야. 그런데 당신도 눈가에 주름이 잡혀 가는군." 하고 말한다. 정직이라구? 그렇다면 그 대가는 무엇으로 치루려나? 듣는 사람의 관심을 끌지 못하는 정직함은 지나치게 이기주의적인 사고방식인 것이다.

당신의 질문에 대해 그 말이 많은 친구와 건전한 관계를 맺어가도록, 먼저 노력을 한 다음에야 조금씩 충고를 하라고 권하고 싶다. 또한 마찬가지로, 누군가가 어디에서 당신 자신의 결점을 깨우쳐 주고 싶어하고 있을는지도 모른다는 것을 염두에 두기 바란다. 누구든지 결점은 있으니까.

질문 : 요즘 미국에서 가장 많이 처방되고 있는 약은 무엇인가?

답변 : 그것은 밸륨이란 것인데 근육 이완제로써 신경안정제 역할을 한다. 이런 약이 필요하다는 것은 바로 사회 전체에 공통적으로 긴장과 중압감이 팽창되어 있기 때문이며, 그것에 대처해 나갈 수 있는 능력이 우리에게 결핍되어 있기 때문이다.

질문 : 내 아내는 석달 동안 기분이 아주 저하되어 있다. 그녀에게 어떤 요법이 필요하겠는가?

답변 : 의사 중에 내가 아는 의사에게 데려가 보이는 것이 좋겠다. 되도록 빨리 말이다. 이렇게 오랫동안 기분이 침체되어 있다는 것은, 의학적으로나 심리학적으로 아주 심각한 결과를 초래하게 될 것이다. 아주 심한 우울증에는 우선 우울증

치료제가 가장 효과적이다. 물론 이런 약물이 그녀를 침체시킨 근본 문제를 해결해 주지는 못하며, 결국은 우리가 의논하고 있는 문제에 대해 다시금 생각해 보아야만 할 것이다.

제4장
피로감과 시간에 대한 압박감

필립 윌슨은 말하기를 "내가 다시 한번 더 인생을 살게 된다 할지라도 그런 힘이 남아 있게 될는지 의심스럽다"고 했다. 이 분의 말에 동감하는 여성들이 꽤 많을 줄 안다. 이 피로감과 시간에 쪼들리는 것이 내가 조사한 설문 중에서 두번째 가는 요인으로 나타났으니까. 대도회지부터 아이오와의 농촌까지 여행하면서 느낀 것은, 몹시도 바쁜 사람들이 있는 힘을 다해서 전속력으로 달려가고 있다는 것이었다. 우리 나라는 이리 저리로 바쁘게 뛰어 다니는 사람들만 모여 있어서 밤낮없이 바쁘게 경주를 하고 있는 느낌이다. 이렇게 빠른 생활 속에서는 휴식조차도 바쁘게 되어가고 있다.

'해야 할 일'이 적힌 목록을 들고 난처해 하며 하루 종일 고

개를 갸웃거려야만 한다. "아침에는 돈을 치루어야만 하고 식
료품 구입도 다른 날에 할 수가 없군. 그리고 아이들도! 그 아
이들과 같이 있는 시간이 요즈음 들어서 부쩍 줄어드니, 한 집
안같은 기분도 나지 않는 걸. 오늘 밤에는 책이라도 읽어 주어
야지, 그리고 내 몸에 대해서도 무관심해서는 안 되지. 운동을
꼭 해야 돼. 시간을 벌 수가 있을 거야. 매일 매일의 일과가 너
무 빠듯하긴 해. 독서도 좀더 해야 하는데. 늘 마음을 활짝 열
고 있으려면 책 한 페이지라도 무시해 버릴 수가 없거든. 한
시간 씩만 일찍 침대에 누워도 꽤 책을 읽을 수가 있을 거야.
우리의 정신 생활을 유지하기 위해서도 더 많은 시간을 들여
야 해. 그것도 지나쳐 버릴 수가 없는 일이지. 사교적인 활동
도 해야 하는데 사귀려고 애쓰지 않으면 친구도 얻기가 어렵
다니까. 존슨 씨가 두 번씩이나 초대했으니까, 보답도 해야겠
지. 날짜를 정해서 말야. 집도 좀 손을 보고 장식해야 할 텐데.
소득세는 다음 달까지 내야 하니까… 다음에 내는게 좋겠군.
아아 그리고…참, 전화벨이 울리는데 내 정신좀 봐."

정말 우리는 바쁘다. 누구라도 그것을 느낀다. 그런데 이렇
게 바쁜 생활이 우울증과 도대체 무슨 상관이란 말인가? 그것
은 우리들이 게을리하게 되는 의무에 대해서는 죄책감을 느끼
게 되는 까닭이다. 우리들이 다루어야 할 일들이 많기 때문에,
이런 것들에 실패할 때마다 우리의 자존심은 상처를 입게 되
는 것이다. "난 정말 0점짜리 부모야. 난 좋은 아내 노릇을 해

내기에는 너무 기운이 빠져 버렸는 걸. 정신이 없고 어떻게 돌아가는지도 모르겠어. 난 혼자서 이 세계로부터 단절되어 있으며 진실된 친구조차 없어. 하나님도 날 좋아해 주지 않으실 걸." 실제로 너무 광범위한 생활에서는 정신적인 질환이 생겨나기가 쉽다. 이것이 바로 내가 조사한 설문에 답변한 여성들에게 절망을 주는 요인인 것이다.

그린 베이 패커즈 팀의 유명한 축구 코치인 빈스 럼바디 씨는 어느 해 가을 경기를 맞으면서, 자기 선수들에게 훌륭한 말을 한 적이 있다. 그가 그날 한 말은 기록으로 남아 있는데, 이 점에 있어서 공감할 수 있다고 본다. 럼바디 코치는 체력의 소모가 그 사람 자신의 용기에 얼마나 큰 충격을 주는지에 관해 말하면서, 다음과 같은 간략한 말을 남겼다. "피로라는 것은 우리 모두를 겁쟁이로 만들어 버린다." 이 말은 정말 옳은 말이다. 신체적으로 피로해지면 아이들이 떠드는 소리나 접시 닦는 소리 등, 일상 생활에서 일어나는 사소한 것까지도 견뎌내기가 어렵게 되는 것이다. 그리고 흔히 말하기를 피곤해지면 예전에 쉽게 해내던 문제까지도 심각하게 생각되어진다고 한다. 이런 이유 때문에 심하게 일을 해서 지쳐버린 사람은 여성이든 남성이든 간에, 평소에는 가장 사랑하던 사람에게까지 투덜대며 신경질을 부리거나, 트집을 잡으려 들게 된다.

피곤과 시간에 쪼들리는 문제가 그런 긴장을 초래한다면, 왜 우리는 자신을 그토록 바쁘게 만드는 것일까? 중요한 것은

제4장 피로감과 시간에 대한 압박감

누구든지 자신의 체력 소모가 일시적인 것이라고 생각해 버린 다는 사실이다. 왜 '모든 일들이 지금 당장에 이토록 고달프게만 느껴지는지'에 관하여 여러 가지 이유를 들어 보았다. 젊은 이들 사이에서 가장 공통되는 이유 네 가지를 여기에 적어 본다.

1. 너도 알다시피 제리는 이제 새로 사업을 시작했는데, 제대로 기반을 잡으려면 몇 년 걸릴 거야.

2. 자, 피트가 학교를 마치려면 2년쯤 있어야 하니까, 그 동안 빠듯한 가계부를 꾸려 나가야 겠구나.

3. 새로 아기가 생겼는데 바로 이것은 무엇을 의미하는지 알 수 있을 거야.

4. 이제 막 새 집을 샀는데 우리가 수선을 좀 해야 해.

이런 말들을 살펴보면, 현재의 어려움만 이기고 나면 좀 마음 편한 날이 올 것 같은 느낌이 든다. 그렇지만 그것은 일종의 착각에 불과하다. 이러한 일시적인 중압감의 이면에는 또 다른 중압감이 기다리고 있기 마련이다. 그래서 결국은 오랜 기간 동안의 생활방식으로 젖어버리는 것이다. 내 비서가 자기 타자기에 이런 경구를 붙여 놓았다. "바쁜 시간이 지나가면 나른한 시간을 즐겨야지. 내가 노력해서 얻은 거니까, 당연히 받을 수가 있다. 아무도 내게서 그 시간을 빼앗을 수가 없어." 그러나 시간이 지나면 그 바쁜 시간이 좀체로 끝나지를 않는다. 비틀즈가 '숙녀 마돈나'라는 자신들의 노래에서 여성에 대해서 이렇게 노래하고 있다. "저리도 빨리 달리고 있는 여성들을 보아라."

누구보다도 학교에 들어가지 않은 아이를 여럿 둔 엄마만큼, 바쁜 사람은 없을 것이다. 아침부터 밤까지 쉴새없이 움직여야 할 뿐만 아니라, 정서적으로도 심각한 위압감을 받게 된다. 두 살부터 다섯 살까지의 아이들은 어른들의 신경을 곤두세워 놓는데 비상한 재주가 있다. 끊임없이 조잘대는 소리를 듣고 있노라면, 엄마는 생각할 기력까지도 잃게 될 것이다. 이 세상에서 어느 엄마라도 다음과 같은 대화를 수없이 되풀이 해보지 않은 사람은 없을 것이다.

쟈니 : 엄마, 나 과자 먹어도 돼? 응 엄마! 먹어도 돼? 한 개만 응? 왜 안 되는 거야 응? 으응 엄마? 왜? 엄마! 엄마, 왜? 먹으면 안돼?

엄마 : 안돼, 쟈니야. 점심 먹을 때가 다 됐는 걸.

쟈니 : 꼭 한 개만 엄마? 한 개만 먹을게 응? 먹을 테야… 점심도 꼭 먹을게, 그럼 되지 응? 엄마, 점심도 먹을게. 되지? 꼭

제4장 피로감과 시간에 대한 압박감

한 개만 응? 스포티도 한 개 먹고 싶을 거야. 강아지들도 과자를 좋아 하거든. 안 그래 엄마? 안 그래? 강아지들도 과자를 좋아 하잖아?

아침에는 밝은 기분으로 하루를 시작했다고 하더라도 이런 질문 때문에 오후 4시만 되면 아주 녹초가 되어 버린다.

나는 아내와 함께 지난 여름 하와이의 음식점에 들어갔을 때 이것을 실제로 경험했다. 우리 자리 부근에 앉은 젊은 부부는 4살 먹은 아들을 데리고 있었는데, 아이는 따발총처럼 계속 말을 하고 있어서, 숨쉬려고 멈추는 것조차 느낄 수도 없었다. 샘솟듯이 솟아 나오는 쓸데없는 말들을 계속 지껄이고 있었다. 부모의 얼굴에는 당황하는 빛이 역력했고 끊임없는 소리에 터져나오는 화를 참고 있었다. 마침내 엄마는 자기 아이에게 몸을 굽히고서 아이에게 무섭게 말했다. 한 번에 한 음절씩 말하는 식으로 말이다. "닥쳐-라! 닥! 쳐! 이-제 한-마-디-도 해서는 안돼-이-제 더 지-껄-이-면 소-리-지-를-테다." 그녀의 태도가 우리와 너무도 흡사한 데가 있어서 우리는 웃음이 났다. 계산대에서 그 젊은 부인은 우리에게 수다쟁이 자기 아들은 지난 2년 동안 아침부터 밤까지 계속해서 입을 쉬지 않아서, 자기가 아무리 냉정해지려고 해도 되지 않는다고 말해 주었다. 우리가 음식점에서 나와 길 건너편으로 건너

와서도 그 꼬마가 얘기하는 소리가 희미하게 들려오고 있었다.
"누구야, 엄마? 저 사람들은 누구야? 저 사람들은 좋은 사람들이야? 엄마는 저 사람들 알아? 엄마아…?"

특히 세 살 아래의 아이를 둔 어머니들은 사랑어린 남편의 도움을 필요로 한다. 그것은 우리집에서도 분명히 나타났다. 나는 지금도 4개월된 라이언의 기저귀를 갈아 주려고, 화장대 위에 아기를 눕히던 아내의 모습을 똑똑히 기억한다. 엄마가 젖은 옷을 벗기자마자 그는 샘줄기처럼 또 오줌을 싸기 시작했다. 마침 전화벨이 울리고 있어서 셜리는 아이를 마저 돌보지 못하고 일어서야 했다. 엄마가 가버린 사이에 라이언은 갑자기 설사를 시작했고, 빨리 자기를 돌보아 달라고 울어대기 시작했다. 참을성 많은 아내도 아이를 씻기고 방을 치울 무렵에는 완전히 힘이 빠져 있었다. 그래도 아내는 라이언에게 깨끗이 빨아서 좋은 냄새가 나는 옷을 입히고 나서 아이를 안아 주고 있었다. 그때 마침 라이언은 엄마의 목에다가 아침 먹은 것을 토했기 때문에 속옷까지 젖어버렸다. 그날 저녁, 그런 하루같으면 다시 한번 엄마로서의 역할을 검토해 보아야 한다고 내게 말해 주었다. 말할 필요도 없이 그날 저녁은 모두 외식을 해야 했다.

어머니의 초저녁 일과를 뺀다면 어머니의 역할을 다 이야기하지 못하는 셈이다. 그 시간은 꼬마를 가진 어머니에게 가장

제4장 피로감과 시간에 대한 압박감

힘든 시간이니까. 요즘 들어서 세계적으로 대두되고 있는 '에너지 파동'이라는 것이 있지만 젊은 어머니에게 있어서는 저녁 6시부터 9시까지도 부족한 힘을 다 짜내어야만 한다. 저녁 식사가 끝나면 접시를 닦아야 한다. 벌써 지쳐 있지만 재울 준비를 해주어야만 한다. 목욕도 시키고, 기저귀에 옷핀도 채워주며, 이를 닦아주고, 잠옷을 입혀주고, 이야기책을 읽어주거나, 기도를 해주고, 물도 가져다 주어야 한다. 그렇지만 이런 일들도 아이가 제대로 잠자리에 들어가려고만 한다면, 오히려 쉬운 편이다. 그러나 대부분은 순순히 자려고 하지 않고 조금이라도 늦게 자려고 떼를 쓰기 마련이다. 10분에서 한 시간 이상까지 끌고 가지 못하는 아이라면 우둔한 아이인 셈이니까. 이런 일들이 모두 끝나면 엄마는 유아실을 빠져나와 벽에 기대 서 있다가 곧 달콤한 사랑이 기다리는 침실로 가야만 한다. 이 시간이야말로 하루 중에서 가장 풍요한 시간이라고 할 수가 있다.

지금부터는 아이들에게 있어서의 피로와 시간에 쪼들리는 문제를 생각해 볼까 한다. 가족들 사이에서 얼마나 끊임없이 바쁘게 움직여야만 하는지? 첫째로, 어른들 자신이 그것을 무시해 버리려고 애쓰는 경우에라도 아이들은 긴장에 대해서 매우 민감하다. 어떤 아빠 한분이 내게 말해 준 이야기로는, 자기 아이에게 신을 신겨주고 있었는데, 자신은 빨리 신겨주려고 서두르는 것을 느끼지 못했을 때, 세 살된 그 아이가 조용히 묻더라는 것이다. "아빠, 또 서둘러야 돼?" 순간 그 말은 그의 가슴을 찌르는 것 같았다. "그래, 얘야. 우리는 늘 서둘러야 한단다." 그는 뉘우치는 마음으로 한숨을 쉬며 말해 주었다고 한다.

자기가 생각하는 할머니의 모습을 그린 아홉 살짜리 소녀의 글에서 우리는 어린이들의 마음을 잘 알 수가 있다. 이 원고는 간호원인 주아니타 넬슨 양이 낸 것으로 로스앤젤레스 아동병원의 원내 신문에 게재된 것이다. 이 3학년짜리 소녀의 놀라운 투시력에 대해서는 누구라도 감사히 여겨야만 할 것이라고 느껴진다.

할머니는 어떤 분이신가?

3학년 아동이 쓴 글임

할머니는 아이가 없는 분이다. 그래서 다른 집의 아이들을 좋아하신다. 할아버지는 남자일 뿐이지 할머니와 똑같으신 분이다. 할아버지는 사내아이들을 데리고 산보하시면서 낚시나 그밖에 재미난 얘기를 들려 주신다.

할머니는 그냥 같이 있어 주시기만 하면 된다. 늙으셨기 때문에 함부로 뛰거나 장난을 하셔서는 안된다. 장난감 말이 있는 시장에 데리고 가려면 동전만 잔뜩 준비하시면 된다. 그렇지 않으면 산보에 우리를 데리고 가서, 나뭇잎이나 쐐기벌레

제4장 피로감과 시간에 대한 압박감

들의 옆을 천천히 지나가시면 된다. 우리에게 "서두르자" 이런 따위의 말은 하지 않으신다.

대개 할머니들은 뚱뚱하시지만 아직도 구두끈을 매어 주실 수가 있다. 안경을 쓰고 계시며, 희한한 속옷을 입으신다. 이도 뗐다, 붙였다 할 수가 있다.

할머니들은 아주 똑똑하지는 못하시지만 "왜 하나님은 결혼하지 않으시는지요?"하는 것과 "어떻게 개들이 고양이를 따라잡을까?" 하는 물음에는 대답해주실 수가 있다.

집에 오시는 손님처럼 아이같은 말투는 쓰지 않으신다. 그건 알아듣기가 힘이 드니까. 우리에게 책을 읽어주실 때에는 똑같은 이야기가 나와도, 그냥 지나쳐가거나 신경을 쓰시는 일은 없다.

누구든지 할머니 한 분은 있어야 한다. 특히 텔레비전이 없다면 말이다. 어른 중에서 시간이 많은 분은 할머니 뿐이니까.

어린 아이의 글에 나타나 있는 것은 얼마나 순수한 지혜인가? 이 꼬마는 어린 아이들의 생활에서 할머니나 할아버지가 차지하고 있는 중요한 역할에 대해 우리를 깨우쳐 주고 있다. 특히 이를 마음대로 뗐다 붙일 수 있는 분을 말이다(생후 열한 달이 지난 우리 딸아이에게 어떤 소년 하나가 딱딱한 쿠키를 주었던 때가 생각이 난다. 그 애의 누나가 꾸짖었다. "그애는 먹지 못한단다. 이 바보야. 그애는 고무이빨이거든!"). 어금니가 있든 없든 간에 할머니와 할아버지들은 어린이들의 세계에서 정말 중요하다. "어른들 중에서 시간이 많은 분들은 그분들 뿐이다"라는 사실 한 가지만으로도 말이다.

쪼들리는 시간 문제에 대해 이 꼬마 전문가는 두 가지를 지적해 주고 있다. 늘 같이 산책하며 낚시하는 일 등 자질구레한 일들을 이야기해 주었으면 하고 그리고 예쁜 나뭇잎이나 벌레들을 쳐다보려고 걸음을 멈추며 하나님이나 이 세상 사물에 대해 있는 그대로 대답해 줄 수 있기를 어린이들은 바라고 있는 것이다. 이러한 책임에 대해서는 이미 「어린이에게 좋은 성격을 심는 길」에서 말한 바 있으며 여기서 다시 이야기를 강조해 보고 싶다.

자식을 사랑하는 부모들은 왜 아이들의 욕구에 따라 민감해져야만 하겠는가? 이것이 바로 자기의 사랑과 관심을 표현해 주는 자연스런 방법이 아니겠는가? 물론 그래야만 한다. 그렇지만 엄마와 아빠는 자기 나름대로의 문제들이 있다. 그들 자신이 시간에 쫓기고 있기 때문에 인내하는 데에 한계를 느끼기 마련이다. 아빠는 세 가지의 업무 때문에 늘 이리 쫓기고 저리 쫓기는 판이다. 엄마도 한가한 시간이 없기는 마찬가지다. 예를 들어 내일 밤에는 여덟 사람을 식사에 청했는데 오늘 하룻 저녁에 집안을 청소해야 하고, 장도 보아야 하며, 식탁 가운데 놓을 꽃도 준비해야 하며, 그 때 입을 드레스에 장식도 달아야만 한다. '해야 할 일'을 적은 것만 세 장이나 되며, 그

제4장 피로감과 시간에 대한 압박감

것만으로도 이미 머리가 복잡하다. 엄마는 아이들의 저녁 식사용으로 스파게티 통조림을 열면서 제발 잡다한 일이 생기지 않았으면 하고 바란다. 저녁 7시쯤에는 꼬마 래리가 엄마에게 내려온다. "엄마, 내가 그린 것 좀 봐 줘!" 엄마는 눈을 내리뜬 채 말한다. "그래 그래" 분명히 다른 생각을 하고 있는 눈치다.

  10분 쯤 지나서 래리는 엄마에게 쥬스를 만들어 달라고 조른다. 엄마는 응낙했지만 자꾸 방해한다고 짜증을 낸다. 그녀는 너무도 바빠서 점점 긴장이 더해진다. 5분이 안되어서 래리는 또 끼어들면서 이번에는 장농 위의 선반에 얹힌 장난감을 꺼내 달라고 한다. 엄마는 잠깐동안 아이를 바라보더니 그 말을 들어 주려고 방으로 가지만 계속 투덜댄다. 그렇지만 침실 곁을 지나면서 아이가 마룻바닥 가득히 장난감을 흐뜨려 놓아서 엉망이 된 것을 보게 된다. 엄마는 화가 폭발하고 만다. 래리가 놀라서 바들바들 떨 정도로 고함을 지르고 야단을 치며 마구 잡아 흔든다.

  이 얘기가 매우 낯익은 장면처럼 여겨진다. 이것은 바로 우리들의 생활 속에서 늘 벌어지는 '일상적인 소통'이 되어 버렸으니까. 다시 타려면 한 달을 기다려야 하지만, 역마차를 놓쳤어도 마음이 느긋하던 시기가 있었다. 지금은 회전문의 한 칸만 놓쳐도 발을 구르는 시기가 되어 버렸다. 그렇지만 이렇게 숨돌릴 틈도 없는 생활 방식에서 우리도 알지 못하는 사이에

낙오되어 가는 사람은 누구이겠는가? 그것은 바로 청바지 호주머니에 손을 찌르고 벽에 기대선 조그만 소년이다. 하루종일 아빠만 기다리다가 밤이면 "아빠, 공놀이 해요" 하며 아빠 뒤만 쫓아다니게 된다. 그렇지만 아빠는 들은 척도 하지 않는다. 아빠에게는 처리해야 할 서류뭉치가 잔뜩 있다. 오늘 오후에 공원에 데려 가겠다는 엄마는, 끝내 여성 자선회의 모임에 가버리고 말았다. 이 꼬마는 다시금 깨닫게 된다. 식구들은 몽땅 바쁘다는 것을. 그래서 혼자서 거실에 들어가 아무 재미도 없는 만화를 두 시간이나 보고나서도 또 TV에만 붙어 있게 된다.

아이들은 '해야 할 일'을 적은 항목에는 좀처럼 어울리지가 않는다. 좋은 책을 골라주는 데에도 시간이 많이 든다. 한 번 되풀이해서 말하는 무릎깨진 이야기를 듣는 것도 시간이 들며, 날개가 부러진 새 이야기를 듣는 데에도 시간이 많이 든다. 이것은 사랑이라는 접착제를 통해서 자존심이라는 벽을 쌓아주는 일이 되는 것이다. 그렇지만 바쁜 시간 때문에 이것을 해주질 못한다. 그대신 이런 복잡한 생활은 피로하게 만들어 주고 피로감 때문에 신경이 곤두서게 되며 이런 상태에서는 무관심이 생겨나는 법이며 이런 무관심은 아이에게 있어서 사랑이 없다거나 자기를 알아주지 않는 것으로 여겨지게 된다.

광고에 있듯이 "아메리카여, 좀 속력을 늦춰라!"라고 해야 할 지경이다. 어쨌든간에 당신이 바쁜 이유는 무엇인가? 당신의 아이가 곧 자라서 갖게 되는 기억이라고는 그토록이나 당신을 필요로 했던 쓰라린 경험 뿐이라는 것을 알지 못하는가? 어른들의 생활 전부를 다음 세대를 위한 일에 전적으로 투자하라고 하거나, 누구나 다 부모가 되어야 한다는 말은 아니다. 그렇지만 어린이들이 같이 있는 동안만은 어디에서나 우리의 일정에 맞도록 하고 어린이를 보살피는 것이 좋으리라고 생각된다. 그러나 이 말은 우리 현실에 있어서는 애절한 호소에 지나지 않는다. 다른 사람들은 모두 엄마도 일을 해야 한다고 말한다. 직업을 갖고서 자기 자신의 일을 할 수 있어야 하며 아이는 주에서 경영하는 탁아소에 맡겨 놓으면 된다고 주장하고 있는 형편이니까. 다른 사람들이 가르치고 훈련시키며 인도하도록 내버려 두라. 아침마다 엄마에게 잘 가라는 인사를 하며 손을 흔드는 꼬마들에게 누군가가 자존심과 긍지를 심어주기를 바라기만 하면 된다고 말이다.

요약과 권고의 말

'피곤과 시간에 대한 압박감'이라는 공통적인 문제점에 대해 이야기를 듣고서 아내로서 무엇을 자기 남편이 이해해 주었으면 하고 바라게 되었는가? 이것은 내 생각이지만, 모든 남성들이 다음과 같은 세 가지 개념만을 이해하여 준다면 이리 쫓기고, 저리 쫓기는 생활에서 일어나는 여성들의 우울증이 훨씬 줄어들 수 있을 것이다.

 1. 무슨 이유에선지 몰라도, 인간에게는(특히 여성인 경우에) 다른 사람들 중에 누구라도 자신의 그러한 스트레스와 압박감을 이겨내고 있다는 사실을 알아주는 경우에는, 훨씬 더 쉽게 이겨나갈 수 있는 기질이 있다. 이러한 원리는 '인간의 이해심'이라는 범주에 속하는 것이며, 주부들과 밀접한 관계를 갖는 원리이다. 아이들을 키우며 자질구레한 집안 살림을 하는 것도, 남편이 그 모든 것을 이해해 주는 행동으로 대해 줄 때, 훨씬 손쉽게 느껴지는 법이다. 남성으로서 그 위치를 완전히 바꾸어 줄을 수 없다고 하더라도, 자기 아내가 그날에 한 일을 알아주는 것만으로도, 그 다음날 다시 되풀이 하는 일을 훨씬 쉽게 할 수가 있다. 그러나 그 반면 일이 더욱 흔하게 일어나고 있다. 적어도 8백만 명의 남성들이 다음과 같은 괘씸한 질문을 오늘 밤도 하게 되겠지. "여보, 도대체 당신은 무얼 했지?" 이 질문 속에는 이 여자가 점심 때쯤에 일어나서, 지리한 TV 프로나 보고 있었을 거라는 의미가 내포되어 있는 것이다. 이런 말 한마디로서도 그 여성은 남편을 꼼짝 못하게 할 수가 있다.
 누구든지 자기가 책임을 완수해 낸 방법에 대해 칭찬을 받고 싶어하기 마련이다. 남편들은 이런 욕구를 승진이나 봉급

인상, 연말 사정 그리고 일하는 도중에 우연히 듣게된 칭찬의 말 등을 통해서 만족시킬 수가 있다. 만일 집에 있는 여성이 그것을 얻어낼 수가 있다면 그것은 자기 남편 뿐일 것이다. 이 세상에서 가장 불행한 여성은 피곤과 시간에 쫓기는 생활을 혼자서만 짊어져야 하며 자기 남편은 왜 그렇게 아내가 늘 피곤해 하는가 알 수가 없다는 식으로 대해 주기만 하는 여성이다.

2. 대부분의 여성들은 매일 매일 시달리는 집안 일에도 무슨 수가 있을 것이라고 생각하고 있다. 허리가 휘어지도록 무겁게 할 일이 쌓이기만 하니까 말이다. 주기적으로 다른 사람이 대신 난로나 냉장고를 닦아 주고 선반에 까는 종이도 갈아 끼우고 마루와 유리창을 닦아 주어야 한다. 이렇게 교대로 하게 되면, 바쁜 어머니들의 일손도 가벼워지고 '늘 쪼들린다'는 생각도 들지 않게 될 것이다. 내 생각으로는 모든 가정에서는 이런 일을 해줄 사람을 고용해야 하리라고 여겨지며, 이런 목적으로는 유용하게 돈을 쓸 줄 알아야 한다.

집안 일을 도울 사람을 구한다는 것은 모든 사람들이 돈에 쪼들리는 현재 상태같은 인플레환경 하에서 매우 비현실적인 이야기로 들릴 것이다. 그렇지만 이 제안은 각 가정에서 다시 평가해서 어떻게 돈을 써야 할는지 결정해 보아야 하는 것 뿐이다. 이 문제를 「아동 및 청소년 교육의 비결」에서 먼저 다룬 바가 있지만, 다시 한번 이야기해 볼까 한다.
 어떤 목적으로 돈을 모아놓게 되면 대부분의 사람들은 '우선 사야될 것'에 대한 표를 만들어 놓게 된다. 소파를 갈거나 식당 바닥에 카페트를 바꾸거나 혹은 새 차를 사려고 마음 먹는다. 그렇지만 그 우선적인 항목 안에는 어린애를 키우는 어머니를 위해서 집안 일에 도움을 주는 것도 마땅히 포함이 되어야 한다고 생각한다. 그렇지만 이렇게 되지 않는다면, 어머니는 일주일 내내 똑같은 일을 되풀이해야만 한다. 몇 년 동안이나 끝없이 나오는 젖은 기저귀며, 줄줄 흐르는 콧물, 닦아야 할 접시들로부터 헤어날 수가 없다. 때때로 다른 사람과 이 일을 나누어 하게 되면 자신도 훨씬 능률적으로 해낼 수가 있을 것이다. 더 나가서는 일주일에 하루만이라도 집으로부터 벗어나서 순전히 즐길 수 있었으면 한다. 이것은 아빠가 쓸 좋은 톱을 사거나 커튼을 갈아 끼우는 것보다도 훨씬 중요한 일이다.
 그렇지만 중류 가정에서 이런 인플레 시대에 집안 청소를 해주고 아이를 보아줄 사람을 구할 여유가 있겠는가? 바로 어른들 대신에 고등학교 학생을 쓰면 된다. 부근에 있는 고등학교의 상담실로 전화를 해서 알아보기 바란다. 상담 선생님에게 청소를 시킬만한 3학년 정도의 학생이 필요하다고 하자. 정규적으로 쓸 사람을 구한다고 하지 말고서, 맡은 학생이 오면 하루쯤 일하는 것을 살펴 보자. 일을 썩 잘하면 그녀에게 매주 일을 맡기도록 하지만, 그렇지 못하면 다음 주에는 다른 학생

제4장 피로감과 시간에 대한 압박감

을 보내 달라고 하면 된다. 같은 여고생이라도 철이 든 정도가 다르기 때문에 어른처럼 일할 수 있는 학생을 찾아낼 수가 있을 것이다.

만일 당신이 전기톱을 사려고 돈을 모아 두었다고 하면, 자신을 위해서 생각한 항목 한 가지는 빼버려라. 내가 시켰다고는 하지 말고.

3. 남편과 아내는 늘 서로가 과로하지 않도록 지켜보아야 한다. 아무리 좋고 재미난 일이라 하더라도 있는 힘을 모두 쓰다 보면 해롭게 되어 버린다. 바쁜 가족들 사이에서는 불가능하지만 모두들 어느 정도는 재미있게 지낼 수가 있어야 한다. 산길을 따라 걸으면서 유쾌한 생각들을 해야만 한다. 남자들은 차고에서 좀 천천히 일할 수 있는 여유와 여자들은 눈썹을 다듬는 등의 소녀 시절같은 일을 할 수 있는 시간이 필요하다. 그렇지만 내가 말한 대로 그런 활력을 불어넣어 주는 일에는 집안 분위기 전체가 그렇게 되어야만 한다. 때로는 휴가 자체가 병을 일으킬 수가 있다. "우리는 해질무렵 까지는 세인트 루이스까지 가야 돼. 그렇지 않으면 숙소가 없을지도 몰라."

나는 좀더 행복하고 건전한 생활을 할 수 있는 방법을 제시해 줄 뿐이며, 이런 것을 각 가정 단위로 받아들이는 것이 중요하다. 여러분은 생활의 속도를 늦추도록 결심해야 하고 상냥한 말씨로 "아니에요"라고 할 수 있어야 한다. 자꾸만 쾌락에 탐닉하고 싶은 마음을 이겨내야 하며, 취미 생활이나 사교 생활에만 마음을 뺏겨서는 안 된다. 프로 축구팀에서 하는 것처럼 태클을 끈기있게 구사하되, 자기 선만은 지켜야 한다. 우리를 공격해오는 것을 막으면서 우리 가정을 지켜야만 한다. 가장 중요한 것은 새로 계획되는 일에 대해서 이 세 가지를 꼭 검토해 보아야만 한다. 정말 시간을 들일 가치가 있는 것인가? 가정 생활에 미치는 영향은 무엇일까? 이렇게 따지고 보면, 우리가 바쁘게 하고 있는 일과 중에서 대부분은 아주 형편없는 일이라는 것을 알게 되리라고 여겨진다.

용서해 달라. 얘기가 길어졌다.

질문 : 학교에 들어가기 전의 아이를 둔 어머니들이 취직하는 것을 어떻게 보나? 이런 집 밖의 일이 피곤과 시간에 대한 압박감의 문제에 어떤 영향을 줄까?

답변 : 그것은 일리가 있지만, 나머지 시간을 피곤과 시간에 쫓기지 않도록 하면서, 일주일에 40시간을 쪼개 낸다는 것은 불가능하다. 그래서 나는 학교에 들어가지 않은 아이를 둔 어머니가 꼭 그래야 할 이유도 없으면서 정식으로 직장을 갖는 것을 반대하는 것이다. 우리는 많은 여성들이 산업 전선에서 뛰며, 가정이나 가족에게 많은 영향을 끼치고 있는 일들을 자

제4장 피로감과 시간에 대한 압박감

주 본다. 앞에서 이야기했듯이, 기쁨을 잃은 주부들은 자신감의 부족을 메꿔 보려고 여러 가지로 공통된 해결책을 찾으려고 한다. 일을 하거나, 직장을 갖거나, 그밖에 자신만의 일을 하는 등 말이다. 미국 여성들 중에서 반 가량이 직장을 갖고 있다. 그 추세에 대해서 내 생각이 다른 사람들의 의견을 압도하지는 못하지만, 그토록 중요한 문제에 대해 입을 다물고 있을 수는 없는 것 같다. 간단히 말해서 이렇게 가정을 소홀히 하는 것이, 우리 국가 전체로 보아서 가장 큰 위험이요, 실책이라고 나는 생각한다.

물론 여성이 가계를 이어 나가기 위해서 직장에 나가야만 하는 궁핍한 상황도 있을 수 있다. 그리고 또한 남편이 일을 할 수 없게 되거나, 어떤 이유로 해서 가정을 떠나게 되는 경우와 같이 결혼 생활이 평탄치 못한 경우도 있다. 분명히 이런 경우라면 여성도 돈을 벌어야만 된다. 그렇지만 직장을 갖지 않은 여성은 바보 취급을 당하고, 착취를 당하는 셈이라는 관념만은 여러 가지로 허황된 거짓말이다.

이 가식은 두 가지의 터무니없는 이유를 살펴봄으로써 쉽게 드러난다. 첫째, 어린애를 둔 어머니라도 하루 종일 직장에서 일을 하고 집에 와서도, 가족들을 잘 보살필 수가 있으며, 어떤 면으로 보면 집에만 있는 엄마보다 더 잘해낼 수 있다는 말이다. 정말 당치도 않은 소리다. 인간의 몸 속에는 24시간 동안 쓸 수 있는 만큼의 에너지가 들어 있을 뿐이다. 그리고 한

군데에 집중적으로 그 힘을 써버리면 다른 곳에 쓸 힘이 없다. 보통 여성들도 아침 일찍 일어나서 가족들의 식사를 만들고 준비를 시킨 다음, 오전 9시부터 오후 5시까지 일을 하고 나서, 오후 5시부터 5시 30분 사이에 집으로 돌아와서도, 5시 31분부터 곧 집안 일을 할 수 있는 원기가 남아 있다는 것이다. 요리도 하고 집안의 허드렛일도 한다는 것이다. 그렇지만 하루 종일 일을 하고도, 자기 아이들의 욕구를 만족시켜주며, 가르치고, 훈련하고, 자존심을 키워주며, 인생의 참된 가치관을 가르쳐 주며, 게다가 원만한 결혼생활도 해나갈 수 있을 만큼 초인적인 힘을 가진 여성은 거의 없다. 혹시 일주일이나 한 달은 그렇게 될 수가 있겠는가? 정말 믿을 수가 없는 일이다. 그와는 반대로 그렇게 힘이 빠져버린 주부들은 점점 시간이 날카로워지고, 짜증을 내며, 낙담해서 여러 가지로 고민에 빠지는 것을 지금까지 보아 왔다.

가끔씩 바쁜 아내들도 자기에게 주어진 일을 다해야 하는 경우에는, 있는 힘을 다 짜내서 일해야만 한다. 내가 아는 어떤 어머니는, 저녁 식사 준비가 늦어지게 될 때 사용하는 독특한 발뺌 장치를 고안해 냈다. 그녀는 남편이 직장에서 돌아오기 직전에 부엌으로 달려 나가서, 썰어놓은 양파 한 조각을 뜨거운 오븐에 올려 놓는다. 남편이 현관을 들어서면 쇠고기 찜이나 고추양념 파이로 여겨지는 먹음직스런 냄새로 반겨주게 된다. 그러면 부엌에서 만드는 요리 때문에 기분이 좋아져서,

제4장 피로감과 시간에 대한 압박감

신문을 보며 식사를 기다리는 것이다. 때때로 그녀는 남편에게 다랑어를 넣은 샌드위치가, 양파나 그밖에 대단한 음식이나 되는 것같은 냄새를 풍기게 되는지 설명해 주게 된다.

두번째 엉터리같은 소리는 어린이(다섯 살이 안된)들에게는 적극적으로 양육시키거나, 엄마의 관심이 필요없다는 것이다. 이 거짓말이 맞다면 직장을 가진 엄마들이 느끼는 죄책감을 쉽게 벗어버릴 수가 있다. 그렇지만 이것은 과학적인 공식에 맞아 들어가지 못한다. 나는 얼마 전에 플로리다의 마이애매에서 열린 어린이 발육에 대한 회의에 참석한 적이 있다. 3일 동안의 모임에서 발표한 모든 연구가들의 보고는 똑같은 결론을 내렸다. 엄마와 아이의 원만한 관계는 건전한 어린이로 자라는데 있어서 가장 큰 요소가 된다는 것이다. 마지막 날의 발표자는 이 방면의 저명한 권위자로서 러시아 정부에서도 탁아소 제도를 점점 지양하고 있는데, 그 이유는 그 사람들도 똑같은 사실을 깨달았기 때문이라는 것이다. 주에서 파견하는 담당자들은 자기 아이에 대한 엄마의 영향을 도저히 대신해 줄 수가 없다는 것이다. 연사는 이런 의견을 표명하면서, 끝을 맺었다. 즉, 다음 세대를 키우는 데에 있어서 여성의 의무가 무엇보다도 중요하기 때문에, 우리 국가의 장래는 바로 이 여성들을 우리가 어떻게 보느냐 하는 관점에 달려 있다고 말이다.

그러나 '학교에 들어가기 전의 어린이를 둔 어머니의 역할'

에 대한 나의 주장은, 과학적인 증거나 직업적인 경험에 의거한 것만은 아니다. 내 견해는 우리 집안 일로부터 겪은 경험에 의해 큰 영향을 받았다. 우리집 아이들은 다른 집 아이들도 그렇듯이 아주 기묘한 데가 있다. 그래서 아내와 나는 이들 아이들의 인격이 형성되는 시기에 잘 이끌어 주려고 한다. 더네이는 9살인데 1년만 지나면 사춘기가 된다. 그래서 얼마남지 않은 유년기 동안에 한 가지씩 내게서 멀어져가는 사실들에 대해 마음이 아픔을 느끼게 된다. 한 순간이 내게는 무척 귀중하다. 라이언은 이제 4살이다(이 책을 쓰기 시작할 때 생일이 지났다). 쉴사이 없이 움직이지만 그 아이 역시 신체적으로나 정신적으로 변화가 일고 있는 상태다. 때때로 그 꼬마가 눈에 띄게 변해가는 것을 보면 아주 깜짝 놀라게 된다. 내가 강연 여행으로 4, 5일간 다녀와 보면 라이언은 확실하게 변해 있게 된다. 장래의 정서적인, 그리고 신체적인 안정감을 구성하는 요소 요소들이 순간마다 차곡차곡 쌓여가며 인식 위에 인식이 쌓여 간다. 이제는 내가 쓴 것에 동의하지 않는 사람들에게 물어 볼 차례다. 끊임없이 성장해 가는 이 시기에 이 아이들을 누구에게 맡길 수가 있을까? 만일 내 아내나 내가 너무 바쁘게 지낸다면 그 누가 우리 대신에 필요한 일을 감당해 주려고 할까? 어떤 아이보는 사람이 우리 일을 대신해 줄까? 어떤 단체에서, 라이언이 필요로 하는 사랑과 안도감을 베풀어 주겠는가? 그 누가 내 가치관과 내 생각을 내 아들이나 딸에게 대신

제4장 피로감과 시간에 대한 압박감

가르쳐 주며 그리고 흥미가 쏠린 것에 대해 그 때마다 대답을 해줄까? 아이들이 어렸을 때 경험해야 하는 모든 일들을 누구에게 의뢰할 수가 있을까? 다른 이들은 어떻게 할지 몰라도, 나와 내 집만은 우리에게 맡겨진 이 두 어린 생명의 모습을 형성시켜 주어야 하겠다. 그리고 이런 일들을 보잘 데 없고 실현 불가능하고 따분한 일이라고 여기는 이 나라에 대해 걱정이 될 뿐이다.

아이들이 자기 부모를 실망시키거나 화나게 만드는 일도 있지만, 그들을 키워내는 것은 어떤 대가 이상의 값어치가 있는 길이다. 게다가 값어치 있는 일이 값싸게 타락되는 일은 절대로 없는 것이다.

질문 : 그러면 모든 여성들이 자기가 원하든 말든 간에 모두 다 어머니가 되어야 한다는 말인가?

답변 : 그렇지 않다. 여성은 누구든지 자신의 앞길을 정할 수가 있다. 자신의 직업이나 교육받은 목적을 버리고서 원치도 않는 가족을 갖고서 받들어 나갈 필요는 없다. 또한 첫번째 기회가 왔을 때 빨리 결혼하라고 젊은 여성들을 재촉하는 노처녀의 이미지도 싫다. 내 주장은 가족에 얽매인 생활을 싫어하는 사람들과는 상관이 없다. 단지 그것을 이미 선택한 후에, 부모로서의 의무를 저버리려는 사람들에 관한 것일 따름이다.

제5장
고독, 단절, 지루함과 낭만적인 사랑이 없는 결혼생활

이것은 내가 조사한 설문지에 답한 여성들에게서 우울하게 만드는 요인 중에 3번째 혹은 4번째 가는 요인으로 나타났다. 이 항목들은 여러 가지로 깊은 연관을 갖고 있다. 나는 여기서 결혼 생활에 낭만적인 사랑이 결핍되어 있다는 병폐와 아울러 고독감, 단절감과 지루함 때문에 생겨나는 절망에 대해 이야기하려고 한다. 결혼생활 상담을 해본 사람치고 이 두 가지 불만을 하루도 듣지 않은 적이 없으리라고 생각된다.

여성들의 반응을 잘 살펴볼 때 미국 주부들 사이에 중요한 움직임이 있는 것을 알 수가 있다. 전체의 3분의 2에서 이 세 항목을 다섯번째 이내의 순위로 꼽고 있다(자존심의 부족, 고독감, 단절감과 지루함, 낭만적인 사랑이 없는 결혼생활). 여성

제5장 고독, 단절, 지루함과 낭만적인 사랑이 없는 결혼생활

들은 결국 이런 이야기를 하고 있는 셈이다. (1) 난 내 자신이 싫어. (2) 나는 집을 떠나서는 아무런 유대관계도 없다. (3) 내가 사랑하는 남편에게조차도 나는 중요한 존재가 되지 못한다. 온 세계가 이 세 가지의 범주 속에 들어가게 된다. 이렇게도 젊고 아름다운 아내가, 어머니가 지상의 그리고 20세기의 미국에서 살고 있는 여성들의 가장 큰 불만이 바로 이것이다.

자기 만족과 자부심은 원만한 성격의 주춧돌이 되어주는 것으로써, 단 한 가지 요소만으로 얻게 될 수가 있다. 돈을 주고 사거나, 공장에서 만들어 낼 수는 없는 것이다. 자존심이란 것은 다른 사람의 눈에 비친 자기 자신의 모습을 스스로가 보는 데서 생겨나는 것이다. 다른 사람이 우리를 존경할 때에야 우리도 자신을 존경하게 된다. 다른 사람이 우리를 사랑해 줄 때 스스로를 사랑하게 된다. 다른 사람들이 나를 재미있는 사람, 훌륭한 사람, 가치있는 사람으로 여겨줄 때, 우리 자신도 그렇게 되는 것이다. 간혹 어떤 사람은 다른 사람들의 시선에는 아랑곳하지 않으며 스스로 자신감에 넘쳐있는 사람도 있지만 그런 사람은 정말 드물다. 우리들 대부분은 정서적으로 매일 무엇인가를 공급받아야만 지탱할 수가 있다. 그렇다면 혼자서 사랑을 받지도 못하며, 늘 인간적인 접촉만을 원하며 혼자서 고립되어 있다고 느끼는 사람들은 어떻겠는가? 그런 사람들은 자연적으로 자신이 무가치한 존재라고 여기게 되며, 때문에 우울해지고 실망에 잠기게 되는 것이다.

그러면 왜 주부들만 특별히 친구들과 깊이 사귀지 못하며, 집 밖의 사교생활도 즐길 수가 없게 될까? 자연적으로 고독감과, 정신적으로 단절된 느낌을 갖게 되는 이유는 무엇일까? 오늘날의 여성들이 단절감을 느끼게 되는 데에는 적어도 여섯 가지의 이유가 있다고 본다. 여기서 간단히 설명해 본다.

1. 꼬마들은 엄마를 고립시킨다. 간이 침대나 기저귀 가방 등 자질구레한 물건들을 차에 싣고서 친구집에 가는 것은 한 가지 큰 소동이 된다. 엄마 스스로가 과연 이런 소동을 피울만한 가치가 있는 일인가? 의문을 품게 된다. 그리고 아기는 혼자서 놀려고 하지 않기 때문에, 엄마를 곁에 꼭 잡아 두고 다른 일을 하지 못하게 만든다. 그리고 특히 버릇이 나쁜 아이같으면, 어디든지 데리고 가면 난처한 일을 겪게 되기 때문에, 점점 옛날 친구들을 찾아가는 일이 드물어지게 된다. 그래서 취학 전의 아이를 둔 엄마들은 모든 것을 포기하고서, 아예 집에 틀어 박혀서 몇 달 내내 아이들과 놀아주게 된다. 어떤 어머니의 이야기를 들었는데, 그녀는 마침 집에서 빠져나갈 기회는 얻었다고 한다. 남편의 친구가, 은퇴하는 직원을 위해 연회를 베풀었는데, 그녀는 바로 그 사람의 옆자리에 앉게 되었더란다. 그녀는 그런 나이가 든 사람과 이야기하는 것에 곧 진력이 났다. 그녀는 저녁내내 이야기 도중에 아기같은 말투가 나올까봐 두려워서 혼이 났다고 한다. 그런데 무사히 실수하

제5장 고독, 단절, 지루함과 낭만적인 사랑이 없는 결혼생활

지 않고 저녁 식사를 끝냈을 때는, 세계 정세와 동향에 대해 이야기를 하고 있었는데, 그녀는 갑자기 깜짝 놀랐다. 그때까지 이야기를 하면서 줄곧 그 손님의 고기를 썰어주며, 입가를 내프킨으로 닦아주고 있었다는 것을 알아 차렸기 때문이다. 이와 같이 주부라는 직업이 가지고 있는 위험은 대단한 것이다.

2. 급진주의적인 여권운동가들은 화를 낼지 모르지만 내가 본 바로는 여성들이 서로에게 악의를 품게 되기도 한다는 것이다. 여러 해 동안 여자 직원들을 감독해 오면서 여성들이 사소한 문제로도 서로를 할퀴며 상처를 주려는 것을 보았다. 가장 획기적인 사건은 방취제를 쓰는 것이 좋은가에 대해 네 명의 비서들 사이에 의견 충돌로 발단이 되었다. 얼굴이 빨개져서 그것을 뿌리느냐 마느냐 하는 것에 대해 고함을 지르던 모습을 상상해 보라(물론 이런 충돌의 진정한 원인은 이런 방취제 따위가 아니다). 나는 서로 아주 상극인 두 세 사람의 직원을 둔 일이 있는데 어느 오후에 그들은 내가 한주일 걸려서도 해결해 줄 수 없을 정도로 심하게 싸웠다. 이런 경쟁심이나 의혹이 주부들 간에도 일어나리라 믿는다. 다른 여성에 대해 공연히 참지 못하는 여성들이 많이 있다. 이런 사람들로부터 위험을 항상 받게 되는, 좀 얌전한 편인 여성들도 있다. 그런 여성들은 특별히 집을 안팎으로 단장했다든가, 기가 막히게 맞

있는 후식을 준비했다든가 하는 일 이외에는, 다른 여성을 초대할 마음도 먹지 않는다. 그리고 훌륭한 집을 가진 여성들은 누추한 자기 집이 흉잡힐까봐 당황하는, 가난한 여성들에게 초대받는 일이 없다. 그리고 남편이 보수가 많은 전문 직종에 종사하는 여성들은 한 푼이라도 아껴써야 하는 여성들로부터 공연히 미움을 사게 된다. 간단히 말해서 여성들은 자신과 서로 사귀며 존중해 주길 바라면서도 그 사람에 대해서 반감을 품는다는 것이다. 그 결과가 바로 고독감과 지루함을 초래하는 것이다.

3. 열등감 자체가 여성들(또는 남성) 사이를 고립시킨다. 이 반대 사실에 대해서는 이미 말했다. 고립이 열등감을 초래한다고. 이 두 가지 상태는 서로 깊은 연관을 지어서 악순환을 되풀이하여 실망과 고독 속에 빠뜨린다. 친구가 없는 여성은 새로운 사회적 접촉에 있어서 열등감을 느끼게 되며, 친구를 사귀는데 실패하면 열등감은 더욱 깊어진다. 이런 곤란에 처한 주부들은 은연중에 알콜 중독자나 마약 중독자, 때로는 자살까지도 하게 된다. 사람들과 뜻깊은 접촉을 하지 못하기 때문에 실망하게 되며, 때로는 그것이 친구들로부터 거만하고 냉정하고, 무관심하고 자부심이 강한 사람이라고 오해를 받기도 한다.

제5장 고독, 단절, 지루함과 낭만적인 사랑이 없는 결혼생활

4. 여성들은 남성들에 비해 집 밖에서의 취미생활이나 단체 활동을 해내는데 기술이 부족하다. 남자들은 운동시합이나 자기 출생 지방의 팀을 응원하는데 열을 올리지만, 여성들은 그렇지가 못하다. 남자들은 거친 들판에서 사냥을 하거나 낚시 혹은 등산을 즐기지만, 여성들은 집에 앉아서 기다리게 된다. 남자들은 볼링이나 골프, 정구, 농구, 연식 야구 등을 즐기지만, 여성들은 곁에 서서 구경하는 것에 그친다. 남자들은 뚝딱거리며 무엇을 만들고 고치며, 차고에서 일하는 것을 좋아하지만, 여성들은 안에서 접시나 닦을 따름이다. 남자들은 보트 경기나 경주를 좋아하며, 무슨 일이든 기계적인 것을 좋아한다. 여성들은 그런 당치도 않은 일에는 싫증이 날 뿐이다. 여기에는 예외도 많지만, 남자들은 여러 가지로 즐길 수 있는 시간이 적어서 불평인 대신, 아내들은 무슨 일이나 순전히 도취되어 보지 못해서 힘이 든다는 사실만은 분명하다.

추측컨대 어린 시절에 받는 문화적인 영향 때문에, 여자들은 흥미의 한계가 제한되는 것 같다. 이유야 어쨌든간에 여성의 세계는 남성의 세계보다 좁다. 그 증거로 다음 번 모임이 있을 때에 남성들과 비교해서 여성들의 대화 내용을 잘 들어보라. 여성들의 이야기는 주로 어린이나 화장품, 그리고 다른 사람들에 대한 것이다. 남자들은 더 다양한 화제를 내놓게 된다. 이런 것으로 보아서 여성들 사이에서 지루함이란 것이 우울증의 주요 원인으로 꼽히게 되는 것도 놀라운 일은 아니다.

5. 또한 피곤과 시간에 억압당하는 문제가 어린애를 가진 어머니를 고립시키는 요인이 된다. 순전히 외부로 빠져나갈 수 있는 시간과 원기가 부족하다는 이유만으로도 그렇게 되기가 쉽다.

6. 경제적인 제안 때문에 주부들이 마음대로 활동할 수 없게 되는 면도 있다. 이것은 다음 장에서 이야기하기로 하겠다.

600만명의 고독한 사람들 가운데에서 산다고 하더라도, 자신이 고독하고 소외되어 있으며, 싫증을 느끼고 있다고 느끼게 될 수가 있는, 여러 가지 요소들이 있다. 그리고 어떤 동요는 자신이 무가치하고 무의미하다고 느끼는 데서 야기된다. 어느 작가는 이렇게 말했다. "누군가가 되기 위해서는 누구나 다 어떤 사람이 되어야 한다." 나도 여기에는 동감이다. 어떤 시인은 이와 비슷한 뜻을 자기 시의 제목으로 붙였다. "누군가가 당신을 사랑하게 되기까지는 당신은 아무 존재도 아니다." 윌리엄 글래서는 '현실요법'이란 책에서 이와 똑같은 심리적인 원리를 설명했다. "우리는 언제나 나를 늘 돌보아 주며 또한 내가 돌보아 줄 수 있는 사람이 적어도 한 사람은 있어야 한다. 만일 그렇지 못하다면 우리는 우리의 가장 근본적인 욕구를 충족시킬 수가 없다." 분명히 우리 인간들은 사회적인 동물이며, 정서적으로 안정되기 위해서는 서로에게 늘 의존해야만 한다.

제5장 고독, 단절, 지루함과 낭만적인 사랑이 없는 결혼생활

남성과 여성의 감정상의 차이

 이 점에 있어서 나는 자기 부인을 사랑하며, 이해하고 싶어하는 남편들에게 중요한 이야기를 들려 주려고 한다. 남성이든 여성이든 똑같이 자기 만족과 소속감을 갖고 싶어하기 마련이지만, 그 욕구를 충족시키는 방법은 전혀 다르다. 남자들은 자기 자신의 가치를 일이나 직업에서 얻어지는 명성으로 확인하게 된다. 사업에 성공을 해서 돈을 많이 벌고 아주 존경받는 위치에 서서 다른 이들을 감독하며 우두머리가 되거나, 자기 환자나 고객 혹은 동료 사업가들로부터 사랑을 받고 감사하다는 인사를 받는 것으로부터 만족을 얻는다. 이런 면에서 성공한 남자라면 열등감에 대한 우선적인 방패로써 아내에게 매달리지 않게 된다. 물론 동반자로서, 연인으로서, 아내도 중요한 역할을 하지만, 매일 매일의 생활에서 자신감을 지니게 해주는데 있어서 필수적인 역할을 하지 못한다.

 이와 반대로 주부들은 전혀 다른 각도에서 결혼 생활을 시작한다. 자기 남편과 같은 광범위한 요소로부터 자신감을 만족시킬 수가 없다. 맛있는 저녁 식사는 준비하지만 먹어버리고 나면, 가족들은 모두 잊어버리고 그녀에게 감사조차 하지 않는다. 집안 일을 하는 것은 존경을 받을만한 일이 아니며, 살림을 잘한다고 해서 칭찬을 듣는 것도 아니다. 그러기 때문

에 앞서 말한 단절감이 생겨나며, 그럴수록 자기 남편이 만족과 안락한 기분을 줄 수 있는 유일한 요소이다. 남편이야말로 글래서 박사가 말한 유일한 사람이며, 만일 남편이 그렇게 되어주지 못한다면 그녀의 필수적인 욕구는 채워질 수가 없는 것이다. 그것은 아주 큰 고통이다.

이것을 좀더 쉽게 간단히 만들어 보자. 남성들은 존경받음으로써 자신감을 느끼고 여성들은 사랑받을 때에 자신감을 느끼게 된다. 이것이 남녀 사이에 있어서 큰 차이점이다.

이렇게 생각해 두면 남성과 여성이 보는 결혼에 대한 관점도 쉽게 설명이 된다. 남자는 결혼도 하나의 사업상의 동반자 같은 기분으로써 만족하는 것이다. 단성의 특권이 있다는 것을 빼고는 자기 아내가 저녁을 준비하는 것을 보면 사랑스럽기만 하며, 축구 시합이 벌어지는 동안에 바가지만 긁지 않는다면 그는 만족한다. 낭만적인 요소도 좋지만 꼭 필요한 것은 아니다. 그러나 이런 식의 표면적인 관계는 아내를 깊은 절망 속에 빠뜨린다. 그녀는 좀더 의미깊은 존재가 되고 싶어한다. 여성들은 자기 남편에게 존중받고 사랑받는 특별한 존재가 되기를 바란다. 그래서 주부들은 낮 동안에 자기 남편에 대해서 생각하며, 빨리 돌아 오기만을 고대하는 것이다. 그러기 때문에 결혼 기념일도 더 뜻깊이 여기며 남편이 그것을 잊어버리면 몹시 서운해 하는 것이다. 그래서 남편이 집에 있을 때에는 늘 곁에만 있으려고 하며, 신문보는 것을 밀어놓기도 하며, TV

제5장 고독, 단절, 지루함과 낭만적인 사랑이 없는 결혼생활

를 꺼버리기도 하는 것이다. 이런 이유로 해서 여성들 사이에 우울을 초래하는 이유로써 '결혼생활에 낭만적인 사랑이 결여되어 있다'는 것이 두드러지게 나타나 있는 것이다. 남성이라면 이것을 최하위에 놓았을 것이다.

앞서 말한대로 여성들은 자신이 사랑받고픈 욕구를 남편에게 표현하지 못하는 경우가 많다. 자기 아내가 내게 털어놓은 고민을 설명해 주었더니 어떤 사람은 곧 밖에 나가서 꽃을 몇 송이 사서 아내에게로 가져가려고 문을 두들겼다고 한다. 문이 열리자 그는 팔을 내밀며 "자"하고 말했다. 자신의 의무를 다했기 때문에 그는 아내를 밀어 붙이고 들어가 TV앞에 앉았다. 그의 아내는 그의 너그러움에 감탄할 수도 없었다.

어떤 남성은 이렇게 말한다. "난 내 아내를 알 수가 없다. 그녀가 갖고 싶은 것은 모두 있는데, 접시닦는 기계도 있고 새 드라이어도 있고 아주 좋은 동네에 살고 있다. 나는 술도 마시지 않고, 아이를 때리거나 강아지를 때리는 일도 없다. 결혼한 이후로 쭉 성실하게 살아왔는데 왜 그녀는 슬퍼하는지 알 수가 없다." 사랑에 굶주린 그의 부인은 접시닦이나 강아지를 다 주어 버리고서라도 한 마디의 사랑스런 말이 남편의 입에서 나오기를 바라고 있을 것이다. 집안의 가구들이 자존심을 주는 것은 아니다. 누군가 사랑하는 사람이 있다는 것이 자존심을 세워 준다.

신뢰감을 주고 낭만적인 사랑을 보여주는 대신에 많은 남성

들이 그 반대로 되어가고 있으며 특히 공공연한 자리에서는 더욱 그렇다. 보통 '배우자 학살'이라는 경기를 하는 남자를 본 일이 있는가? 어떤 부부든지 이 나쁜 행동을 저지를 수가 있다. 그 목적도 단순하다. 친구들 앞에서 늘 아내를 조롱하고, 당황하게 만들면 되니까. 물론 단 둘이 있을 때에도 괴롭힐수는 있지만, 구경꾼이 있는 경우에는 더욱 효과적이다. 특히 더 심술궂게 하고 싶으면, 손님들에게 그녀가 못나고 둔한 여자라는 것을 알려주기만 하면 된다. 이 두 가지가 여자에게 있어 가장 상처받기 쉬운 일면이니까. 울려놓을 수만 있다면 효과는 더욱 클 것이다.

왜 이런 식으로 자신의 분노를 나타내고 싶어 할까? 그 이유는 적대감이 가득차 있기 때문이며, 대부분의 사람들은 화가 나면 그대로 속에 간직해 두지 못하기 때문이다. 그렇지만 이런 감정을 구경꾼들 앞에서 터뜨리게 되는 부부는 정말 불행한 사람들이다. 이런 잔인한 싸움에는 승자도 없다. 이런 경우에는 한쪽이 완전히 다른 사람의 체면이나 자존심을 갈기갈기 찢어놓은 다음에야 끝이 난다.

나는 사람들에게 자신의 감정을 표면에 드러내지 않고서, 화를 삭일 수 있으면 좋겠다고 여러 번 느껴왔다. 주말 경기에서 농구 선수들은 체육관에서 서로 팔꿈치로 밀면서 자신의 긴장감과 난관을 경감시키고 있다. 프로 하키 선수들은 자기

제5장 고독, 단절, 지루함과 낭만적인 사랑이 없는 결혼생활

상대편에게 스틱이나 스케이트를 휘둘러댐으로써 자신의 불안감을 해소시킨다. 그런데 아내와 남편 사이에는 적대감을 해소시킬만한 다른 편리한 방법이 없는 것이 퍽이나 유감이다. 단지 마주 노려보며 방문을 사이에 두고 침묵을 지킬 따름이다. 이 문제에 대해 숙고해 보면서 나는 분명히 좋은 해결책이 있으리라고 확신했다. 내 생각으로는 미래의 모든 집에는 오락공원에 있는 것 같은 완충차가 통과할 수 있는 공간을 마련해야 한다. 여러분도 이 차를 운전하는 사람들이 빠른 속도로 차를 몰아서 얼굴에는 놀람과 즐거움으로 가득찬 것을 보았을 것이다. 저쪽 궤도에서 달리고 있는 차를 쫓아가서 부딪쳤을 때 그 기쁨은 말할 수 없다. 오후 5시나 6시쯤에 남편과 아내가 완충차 궤도를 달리게 된다면 정말 멋진 것이다.

서로 차를 부딪치면서 그들이 떠드는 소리가 들리는 것만 같다. "하아! 당신은 우리 돈으로 그렇게 째째하게 굴지?" 아니면 "받아 보시지"(왕!). "집에 돌아오면 시무룩하게 만들어 주지." 매번 50번씩 부딪히고 나면 한 시간이 되었다는 벨이 울린다. 그리고 나면 화가 깨끗이 풀린 두 사람은 다정한 친구로서 저녁 내내 잘 지내게 될 것이다. 이 세계에 정말로 그런 치료법이 준비되어 있다고 생각하는가?

5,000년 묵은 문제의 해결점

여지껏 성경에 써있는 결혼에 대한 규정을 대신할 만한 것이 없으며, 그 지혜를 따를만한 것도 없었다. 좋은 부부관계는 남자의 태도에 달려 있다. 남자는 하나님으로부터 자기 가족의 우두머리로 임명되었다. 가정의 행복은 그의 어깨에 매달려 있는 것이다. 이 역할은 구약의 모세 시대에 이미 기록되었으니, 이미 5,000년 전의 이야기이다. 신명기 24장 5절에 보면 이런 말씀이 있다.

"사람이 새로이 아내를 취하였거든 그를 군대로 내어 보내지 말 것이요, 무슨 직무든지 그에게 맡기지 말 것이며, 그는 일년 동안 집에 한가히 거하여 그 취한 아내를 즐겁게 할지니라."

그 즐거움을 생각해 보라. 신혼 부부는 아무런 의무도 지지 않은 채 결혼 생활에 익숙해지도록 1년을 허락받는다(신혼 3주 이후에는 무엇을 하는지 알 수가 없지만, 어쨌든 재미있는 이야기다). 이것을 요즈음의 결혼생활 1년과 비교해 보라. 요즈음은 남자나 여자가 일을 해야하며, 학교에 가야 하며, 신부들은 더욱 빈번하게 임신에서 오는 생리적인, 정서적인, 경제적인 문제에 직면해야만 한다. 그런데 이 구절을 인용한 이유

제5장 고독, 단절, 지루함과 낭만적인 사랑이 없는 결혼생활

는 다른 번역판에 나온 끝 구절로서 거기에는 "자기가 취한 아내를 즐겁게 할지니라"고 쐬어 있다.

옛날 모세의 율법은 여성의 정서적인 만족을 남편의 의무로서 규정하고 있다. 그의 일은 바로 아내를 '즐겁게 해주는' 것이다. 친구들과 이웃들도 마찬가지다. 이것은 일주일 동안 일을 하며, 자기의 능력과 위치를 확고히 하려고 안간 힘을 쓰는 남성들에게 꼭 필요한 말씀이다. 만일 아내나 아이가 자신의 애당초 계획에 차질을 준다고 하더라도 당연히 그는 그 갈등을 겪어야 할 의무가 있다. 자신만 즐길 수 있는 낚시 같은 것으로 주말을 보내고, TV 앞에만 붙어 있든지 아니면 골프장에만 매달리는 남성들은 남자로서의 의무에 대해 다시 한 번 주의해야 될 것이다. 모든 사람들이 휴식을 필요로 하고 있으며, 이런 오락은 아주 중요한 역할을 해주고 있다. 우리가 즐기는 것들이 우리를 필요로 하는 사람들을 질식시키게 된다면(우리에 의존해서 이 세상에서 살아가고 있는 사람들) 이미 어떻게라도 손을 써볼 수 있는 시기는 사라져버린 것이다.

데렉 프린스 박사는 이런 면을 무척 강조하고 있다. 현재 미국이 직면하고 있는 문제 중에서 특히 가정생활에 대한 문제는 전적으로 '자기 위치를 이탈한 남성'들 때문에 일어난다고 말하고 있다. 이 이탈자라는 것은 배반자라는 뜻이다. 우리 남성들은 자기 가족의 행복을 추구하고, 아이를 가르치며 궁핍해지지 않도록 돈을 벌어야 하고, 정신적인 지도자로서 사랑

하고 아끼며 지켜주어야 할 의무를 하나님으로부터 받았다는 것을 무시하고 있다. 오히려 자신의 자존심을 높이는 데에 전력을 기울이며, 자신의 쾌락과 욕구와 지위에만 급급해 한다. 여성들 가운데에서 자신감의 부족이 큰 문제라는 사실이 이상하게 여겨지는가? 고독감이나 단절감 지루함이 극도에 달했다는 것이 놀랍기만 한가? 이 두 가지 요인은 남편과 아내의 관계가 지극히 나빠진데 원인이 있다. 우리 남성들은 이런 상황을 바꾸어 놓기에 가장 유리한 위치에 놓여 있다.

남성들이 강한 주먹으로 여성들을 지배하거나 개성마저 빼앗아 버리라고 내가 권고하고 있는가? 아니다. 가장 행복한 결혼 생활은 성경에 나타나고 있으며 거기에서 가족이란 개념이 생겨난 것이다. 온 우주를 만드신 하나님은 우리에게 서로 조화를 이루며 살도록 가르쳐 주셨다. 에베소서 5장 28절부터 33절 말씀을 통해서 말이다.

"이와 같이 남편들도 자기 아내 사랑하기를 제 몸같이 할지니 자기 아내를 사랑하는 자는 자기를 사랑하는 것이다. 누구든지 언제든지 제 육체는 미워하지 않고 오직 양육하여 보호하기를 그리스도께서 교회를 보양함과 같이 하나니 우리는 그 몸의 지체임이니라"('결혼하게 되면 남자는 부모를 떠나서 자기 아내와 온전히 합할지니 둘이 하나가 됨이니라'하신 성경을 통해서 남편과 아내가 한 몸이라는 사실을 알 수가 있다).

제5장 고독, 단절, 지루함과 낭만적인 사랑이 없는 결혼생활

　이것은 이해하기 힘든 일이지만 우리가 그리스도의 지체라는 것을 나타내기 위한 예에 지나지 않는 것이다. 다시 말하지만 남편은 제 몸처럼 자기 아내를 사랑해야 한다. 그리고 아내는 자기 남편을 깊이 존경하며, 순종하고, 높이며 우러러야 한다.
　이 계명 속에는 남자가 지배해야 한다는 말은 없다. 남편은 사랑으로 자기 가족을 잘 이끌어야 하지만, 자기 아내의 문제와 욕구를 자신의 일로 여겨야만 한다. 아내의 상처는 남편의 상처가 되고, 같이 고통을 겪게 된다. 아내의 욕구를 자신의 것처럼 여기고 만족시켜 줄 수 있어야만 한다. 이렇게 함으로써 아내도 자기의 사랑하는 남편을 깊이 존경하고 높이며 순종할 수 있게 되는 것이다.
　이 한 가지가 이루어진다면 이 미국 사회에서도 이혼소송이나 별거 수당, 아이를 만날 수 있는 권리 등을 주장할 필요도 없어지며, 상처입은 어린이나 쓰라린 경험을 할 필요도 없을 것이다. 그리고 보니 가정 생활에서 일어나는 모든 잘못을 남성들에게 전가시켜 버린 느낌이 드는데, 이 점만은 분명히 해 두어야 하겠다. 여성들이 남자들에게 품고 있는 불만에 대해 거기에 대응되는 불만도 있을 수가 있다. 그런 것들도 많이 들어 왔다. 여성들도 남자들 만큼 이기적이고 무책임할 수가 있다. 많은 주부들이 '될대로 되라지' 하는 식으로 큰 엉덩이를 흔들며 느릿느릿 걸어 다니면서, 마치 갈채 따위의 폭풍 속에서 밤을 지낸 사람같은 차림을 하곤 한다. 수많은 남성들이 저

녁에 집에 돌아오면, 집안은 형편없으며, 더러운 꼬마들과 잔소리가 심하고, 불평하고 자기 멋대로인 아내가 기다리고 있는 일이 허다하다. 솔로몬 왕은 그런 여인을 알고 있었는지, 이런 말을 썼다.

"다투는 여인과 함께 큰 집에서 사는 것보다 움막에서 혼자 사는 것이 나으니라"(잠언 21 : 9).

여자든 남자든 간에 불쾌한 행동은 하지 말아야 한다. 그러나 하나님이 세워 주신 가정의 의미를 알고 있는 사람들은, 문제를 해결해야 하는 책임이 우선적으로 남성에게 있다는 것을 인정한다. 이 의무는 은연중에 남자에게 가장(家長)으로서 맡겨진 것이다. 이런 것은 어디서부터 시작하는가? 남성들이 자기 아내의 체면을 세워 주고, 그리스도께서 교회를 사랑하사 자기 몸을 주셨던 것같이 아내에게도 자신의 몸같이 사랑으로서 대해 주는 것이다. 얼마나 큰 도전인가? 만일 남성들이 이것을 믿는다면, 이 세상 모든 남성들은 이런 사고방식에 빠져들게 될 것이다.

이 이야기에 대해 내 경우를 예로 든다면, 지나친 과시가 될지 모르겠지만 독자들이 혼자서 뽐낸다고 잘못 생각하지 말아 주었으면 한다. 내 아내 셜리와 나는 결혼생활에 있어서 성경의 모든 규약에 따라 왔다. 거기서 정말 그 말씀이 옳고 정당

제5장 고독, 단절, 지루함과 낭만적인 사랑이 없는 결혼생활

한 것임을 깨달았다. 결혼한지 14년이 되도록 셜리와 같이 지내면서 나는 그녀와 같이 지내는 것이 늘 즐겁기만 하다. 실제로 이 세상에서 자유로운 저녁 시간을 같이 보낼 사람을 선택하라고 한다면, 나는 누구보다도 셜리를 택할 것이다. 그녀도 역시 나와 같이 하리라는 것은 더욱 명백한 사실이다. 이제 이렇게 요약해서 말할 수가 있을 것 같다. 셜리와 나는 단순히 결혼한 부부가 아니라 이 세상에서 제일 가까운 친구이다. 그렇다고 해서 우리 사이에 의견 충돌이 없었던 것은 물론 아니다. 우리가 매일 매일의 생활에서 청춘 시절과 같이 늘 환상적인 낭만에 젖어서 생활했다는 것은 결코 아니다. 화를 내는 등 인간적인 결점이 없어졌다는 이야기도 아니다. 아마도 여러분들로서는 알 수 없는 절대적인 한 가지 사실 뿐이다.

우리 사이에는 해결할 수 없는 커다란 문젯거리가 하나 있었는데, 그것을 극복해 보려고 안간힘을 쓰다가 지쳐서 포기해버린 일도 있다. 셜리와 나는 몸안에 전혀 다른 체온 조절장치를 갖고 있어서 '한 몸'이 되어 있을 때에도 얼마나 더 난방을 해야 하는지에 대해 서로 다른 생각을 할 정도이다. 내 아내는 일년이면 적어도 11개월 동안은 추워하며 여름에만 겨우 몸이 풀린다. 그녀는 8월 14일에도 한 시간 정도 좀 따뜻하다가 정오가 지나면 곧 몸이 얼어버린다. 나는 일년 내내 과열된 방안에 있어야 하며, 캘리포니아의 햇빛 속에서 서늘한 바람을 한 번이라도 쏘일려고 애를 써야만 한다. 이렇게 입장이 다르기 때문에, 우리 집에서는 어느 정도로 난방을 해야 하는지에 대해서 쉽게 의견이 맞지 않는다. 흔히 말하기를 집은 든든한 성채와 같다고 하지만 내게 있어서 집은 용광로이다.

셜리와 나의 관계가 원만한 것은, 인간적으로 둘 중의 어느 하나가 완벽한 인간이라서 그런 것은 아니다. 단지 상대방의 감정이나 욕구, 관심에 주의를 기울이는 덕분이다. 그것은 억지로 뺏어내는 것이 아니라 주는 것이다. 혹은 결혼서약에 있듯이 '존경함으로써 서로를 더 좋아하기' 때문이다. 그리고 인간의 본성이 그런지 몰라도 그렇게 함으로써 자존심은 깨끗이 유지되어 간다.

현실을 좀더 가까이서 보는 것

집안에서 남편의 의무와 아빠로서의 의무를 자세히 말했기 때문에, 이 이야기를 듣지 않은 남자들이 아내를 당황하게 만드는 의문들에 대해 생각해 보아야 하겠다. 이 책을 읽는 독자의 20퍼센트 정도가 당연히 남자들일 것이다. 그렇기 때문에 당연히 해야 될 것을 하지 않는 남편을 둔 부인을 무시할 수는 없는 일이다. 만일 남편이 계속 자신의 정서적인 욕구나 바람을 동정해 주지 않는다면, 아내는 어떻게 해야만 하겠는가? 자기 가족을 사랑하고 돌보는 가장으로서의 역할을 거부한다면 어떻게 되겠는가? 정서적으로 방치된 채 녹화된 스포츠 중계

제5장 고독, 단절, 지루함과 낭만적인 사랑이 없는 결혼생활

 프로나 남편의 직업이나 취미생활이나 심지어 또 다른 여인들보다 덜 중요한 존재로 취급당하는 여성은 어떻게 이 상태를 대처해 나갈 수 있겠는가? 이런 문제를 염두에 두지 않고, 우울증에 빠져있는 여성에 대해 쓴다는 것은 비도덕적이기 때문이다. 왜냐하면 내가 보아온 바로는 대부분의 여성들이 이런 문제들에 대한 해결책을 찾아내고 있기 때문이다.
 이 주제에 대해 내 의견을 말하기 전에 다른 사람들의 의견도 살펴 보고자 한다. 외롭고 의기 소침한 여성 하나가 부근의 서점에 가서 전문가가 쓴 충고의 말과 상담에 관한 책을 찾는다고 해보자. 제일 인기있는 책이 가장 도움을 많이 준다고 해서 그녀는 서점에서 결혼과 가정생활에 대한 부분을 골라서 읽는다. 그녀가 첫번째로 생각해낸 것은 「개방적인 결혼생활」이라는 것으로 미국에서 제일 잘 팔리는 책이다. 그녀가 사서 읽어보면 결혼 생활이란 것은 두 부부가 서로가 조금씩 간통을 해가며 지낼 때 훨씬 더 건전하게 유지된다는 것을 알게 된다. 이제야 알았다! 저자는 말하기를 남자와 여자는 자기의 상대방이 내일 밤이면 다른 사람과 잠자리를 같이 하게 되리라는 것을 알고 아주 냉혹해 진다고 했다. 여러분들도 오전 6시에 아침을 먹으러 들어온 남편에게 "어디서 잤지, 여보?" 하고 묻는 아내의 모습을 상상할 수가 있을 것이다.

 "저—" 하고 남편이 말하기를, "재니스와 잤더니 아주 피곤

한데."

"그래요." 아내가 대꾸한다. "오늘 밤에는 아기를 볼 수 없을 정도로 지쳐서 돌아오면 안돼요. 오늘밤엔 폴과 지내야 하기 때문에."

정말 우습지 않은가? 그러나 「개방적인 결혼생활」이라는 책은 무모하고 속기 쉬운 독자들에게 백만부 이상씩 팔리고 있다. 게다가 좋지 못한 책을 쓴 비뚤어진 저자는 가족들의 단합에 이미 커다란 영향을 미치고 있다.

여기에 쓰는 것은 쥬디스 비어스트 「개방적인 결혼생활」에 대하여 자기 의견을 말한 기사로서 레드북 잡지에 실린 "내가 결혼했다는 사실로 해서 나는 착실해졌나?"라는 제목의 기사이다. 날짜는 1973년 5월로 되어 있다.

왜 기혼 남성이 다른 여성과 스키를 타러갈 수 없으며, 기혼 여성이 다른 남성과 같이 영화 구경을 가서는 안 될까? 결혼한 후에도 다른 여성이나 남성과 친구 사이로 지내서는 안 될까?

우리는 이미 그것에 대한 해답을 얻었다고 생각하지만, 내가 알고 있는 사실들은 깨끗하지 못한 사실뿐이다. 마음을 폭 넓게 가질 때 얻게 되는 잇점에 대해서는 여러 가지 이야기를 들었다(네다와 죠오지 오닐의 책 「개방적인 생활」로부터 말이다).

제5장 고독, 단절, 지루함과 낭만적인 사랑이 없는 결혼생활

프랭크 : 자네트가 저녁에 집을 나서면, 즐겁고 재미있는 시간이 되었으면 좋겠는데. 그녀는 그런 경험을 나에게 들려줄 것이고, 나는 내 생활을 풍요하게 할 수가 있을 테니 말이지… (나는 알 수 있다. "밀톤 일어나요" 하고 말할 것이다. "늦어서 미안하지만 당신도 알다시피 애니는 정말 매혹적이란 말이야. 그리고 깜짝 놀랄만한 이야기를 내가 들려줄 때까지 잠깐만 기다려 줘요. 분명히 당신의 생활도 풍요해질 테니까요").

오닐이 말하는 또 한 사람의 행복한 남편은 이렇게 말한다. "거리를 걷는게 정말 기분이 좋은데… 그리고 남자든 여자든 누구라도 마주치는 사람에게 죄책감을 느끼지 않고서 일을 해 낼 수가 있다니 말이야. 같이 마시며, 잠시동안 자유롭게 즐길 수가 있으니 말이야. 그리고 집에 가서 변명할 걱정도 필요 없다니!"

자, 그런 남자는 나같은 여자와 결혼하지 않은 것이 다행이다. 만일 그랬다면 죄책감을 느껴야만 했을 테니까. 그리고 모두 말해야 하고, 특히 '짧은 시간 동안 자연스럽게 되어버린' 일에 관해서는 더욱 그렇다.

그렇지만 오닐이 지적한 바에 의하면 폐쇄된 결혼은 내 미래의 결혼생활이 흉조로 보인다. 사람들이 흔히 말하듯이 맞은 편에 담쌓기를 방해하였다면 맞은편 담의 잔디가 더욱 푸르러 보인다는 격이다. 거기에 맞대서 말한다면 우리를 유혹

에 들지 말게 해달라고 해야겠다.

　책장 꼭대기에 놓인 「개방적인 결혼생활」 옆에는 이 우울증에 빠진 부인으로 하여금, 자기 결혼생활을 여전히 거부하게 만드는 다른 인기있는 책이 꽂혀 있다. 그것은 「바람직한 이혼」이라는 책으로서 혁신적인 사고방식을 제시해 주고 있는 책이다. "이혼은 끝장내는 것이 아니라…새로 시작하는 것이다. 당신에게 유용하게 해줄 것이다" 라든가 "안녕이라는 작별인사는 곧 첫인사와 같다. 새로운 인생에 대한, 그리고 새로운 자유에 대한, 자기 확신에 대한 첫인사이다. 이 세상을 보는 것이나 사람들에 대한 새로운 일면을 찾아 낸 인사이다. 이혼이란 것은 당신에게 있어서 최대의 사건이다." 가정생활에 있어서 근본적으로 해결해야 될 것은 무엇인가? 집에서 빈둥대는 부랑자는 내쫓아 버리고 스스로 항상 즐겁고 재미있게 즐길 수 있는 길로 가도록 해라. 만일 우리의 아내가 극심한 실망에 잠겨있을 때 이런 권유를 받았다고 생각해 보라. 그러면 그녀도 결혼생활을 끝내 버리려고 할 것이다. 의사들은 모두들 자기 환자를 죽도록 만드는 것이 쉬운 일이라는 것을 알고 있다. 치료하는 과정에서 말이다. 그러나 「바람직한 이혼」이란 책에서는 환자들에게 가정생활은 원만하고 생기있게 만들어줄 수 있는 모든 처방과 치유법을 무시해 버리라고 말한다. 나는 이 한 권의 책이 얼마나 많은 가정을 파괴해 버렸는지 알고 싶다.

　소외감에 대한 무책임하고 전적으로 잘못된 이 해결 방법은

제5장 고독, 단절, 지루함과 낭만적인 사랑이 없는 결혼생활

오늘날 끊임없이 되풀이되고 있는 것 같다. 아주 대담하고 비기독교적인 개념은 무조건 지난 20년 동안에 어떤 꽤 명망높은 전문가가 만들어 낸 것이라고 여겨도 좋을 것이다. 그리고 아마도 그 사람은 윤리관이 확고하지 못한 대중에게 다량으로 그런 사상을 주입했을 것이다. 우리는 저 유명한 인류학자인 마아가렛 미이드 박사가 젊은이들의 실험 결혼을 적극적으로 권장했다는 이야기를 들은 적이 있다. 우리는 공동 결혼생활과 집단 거주, 불법 결혼을 수락하도록 활동해 왔다. 우리가 듣는 음악조차도 남자와 여자의 관계에 있어서 혁신적인 사고방식을 나타내 주고 있다. 그런 생각중의 하나가 멋진 사랑이란, 영구적인 의무를 요구하지 않을 때에만 가능하다는 사고방식이다.

가수인 글렌 켐블은 그의 노래 '내마음 속으로 살며시'를 통해서 이런 생각을 표현해 주고 있다. 그 가사를 쉽게 풀어보면 이렇다. 사랑하는 이의 침실에서 하는 역할들을 지속시켜 주는 것은 결혼증명서에 쓰여진 빛바랜 서명 때문이 아니라고 말하고 있다. 그녀는 그의 마음 속에 어떤 고리를 걸어놓고 있는 것이 아니기 때문에, 언제나 원하기만 하면 곧 떠날 수 있다는 것이다. 그녀를 버리든지, 자기 마음속에 살며시 간직하든지, 자유라는 것이다. 얼마나 어리석은 일인가? 연인을 잃는다는 아픔이나 소외감, 배신감을 느끼지도 않으면서, 자기 연인의 마음대로 오고 싶으면 오고, 가버리고 싶으면 가도록 내

버려둘 여자가 있다고 생각할 수가 있는가? 헤어지게 될 때는 거침없이 그 몸과 마음을 상하게 하는 사랑이(그리고 성행위가) 우리를 하나로 만들 수 있다는 것은 얼마나 무지한 소리인가? 물론 켐볼 형제의 노래에서는 나타나 있지 않지만, 거기서 태어나는 아기는 내일 아침에는 아빠가 계실까, 아빠가 돈을 주실까, 혹은 어딘가 기차를 타고 가버리거나, 깡통 속에 든 커피를 마시면서 다른 신나는 일에만 마음을 쏟고 있는지 궁금해 할 것이다. 현관 앞에는 아내가 아이와 나란히 서서 손을 흔들면서 이렇게 말하는 광경을 상상해 보라. "아빠, 안녕. 언제 시간 있으면 들리세요." 이 우스운 가사 내용에도 불구하고 '내 마음 속으로 살며시'는 책임질 필요가 없는 사랑을 결혼생활에도 적용시켜 보려고 무턱대고 믿는 대중들에 의해 레코드 판매량에 있어 선두를 달리고 있다.

이 어려운 문제에 대해서 무책임하고 파괴적인 해결책들이 쉽게 대두되곤 한다. 이 수렁을 빠져나갈 수 있는 방법보다는 이런 엉터리 방법이 더 쉽기 때문이다. 게다가 나 자신의 그런 문제에 대해 일일이 답변해 줄 수 있는 능력도 갖고 있지 못하다. 냉정하고 무감각한 남성을 아주 정답고 말도 잘 통하는 낭만적인 꿈속으로 유도해낼 수 있는 신기한 방법을 알지 못한다. 그렇지만 내가 상담 경험을 통해서 얻은 그 지식들 중에 몇 가지만을 제시할 수 있을 뿐이다.

제5장 고독, 단절, 지루함과 낭만적인 사랑이 없는 결혼생활

　첫째로 자기 남편에게 다시 옛날과 같은 멋진 사랑을 일으켜 놓고 싶은 여성은 남편에게 자신의 욕구를 알려야만 한다. 내가 설명한 것처럼 남자들은 정서적인 욕구에 있어서 여성과 큰 차이가 있기 때문에 아내들이 갖고 있는 갈망이나 느낌을 이해하기가 퍽 힘이 든다. 이런 이해심이 부족을 바로 잡고자 해서 여성들은 자주 잔소리나 애원하고 꾸짖고 불평하며, 비난하게 되는 것이다. 일터에서 돌아와서 지쳐버린 남편에게 "이제 신문 좀 내려놓을 수 없어요. 조오지? 내게 5분만 시간을 주세요. 5분은 너무 긴가요? 당신은 언제나 내 기분에는 관심이 없는 것 같아요. 우리가 저녁을 먹으러 나간지가 벌써 얼마나 됐죠? 그랬다고 치더라도 당신은 늘 신문만 보시고 있잖아요? 조오지, 당신에게 말해야겠어요. 때로는 당신이 나나 아이들에게 아무 관심도 없는 것 같애요. 꼭 한 번만이라도…한 번이라도 당신이 조그만 애정이나 이해심을 보여 준다면, 나는 아마 기절해서 죽어버릴 거예요…"
　여성 독자들은 남편을 길들이는데 있어서 일을 끝내고 왔을 때, 잔소리를 하라는 것은 아니다. 그것은 마치 남편을 뒤에서부터 널판지로 때리는 것과 같으며, 마룻 바닥에서 몸을 일으키면서 내뱉는 고함소리 밖에는 얻지 못할 것이다. 잔소리라는 것은 아주 효과적으로 의사소통을 막아버리게 된다. 이와 반대로 남편을 길들이려면 시간과 분위기 태도 면을 고려해야 한다.

1. 시 기

당신의 남편이 자주 쾌활해 있고 능동적인 시간을 택해야 한다. 아마도 저녁 식사 후나 밤에 전기가 나갔다든가 하는 경우, 혹은 아침에 기분이 썩 좋은 시간이 좋겠다. 가장 나쁜 시간은 퇴근한 후 1시간 이내의 시간이며, 그때에는 싸움이 일어나기 쉬운 시기이다. 제대로 계획을 세워 보고, 예상을 해보지도 않고서 심각한 토론을 시작하는 것은 금물이다. 노력한 만큼 성과를 거둘 수 있는 가장 좋은 시기를 놓치는 격이다.

2. 분위기

가장 좋은 상황은 남편에게 좋은 곳으로 하룻동안 혹은 주말에 여행을 가자고 하는 일이다. 만일 경제사정이 여의치 못하다면, 집안 살림을 하면서 돈을 조금씩 모아 두도록 한다. 어디론가 떠날 수 없는 형편이라면, 아기보는 사람에게 맡기고 아침이나 저녁 식사를 하러 혼자 밖에 나가라. 만일 이런 것이 안 되면 아이들이 학교에 가버린 시간 같은 때에 전화 수화기를 내려 놓고서 나가라. 그렇지만 대체적으로 집에서 멀리 있는 경우일수록 순수한 의사소통을 얻을 수가 있다는 것을 알아 두어야 한다.

3. 태 도

 당신이 하는 말을 남편이 자신에 대한 공격으로 생각하지 않도록 인식시키는 것이 중요하다. 우리는 비난을 받을 때에 자신을 방어하려는 욕구가 생기게 된다. 이렇게 자기 방어적인 태도를 유발시켜서는 안 된다. 그 대신 될 수 있는대로 다정하고 부드럽고 사랑스러운 분위기를 만들어야 한다. 남편의 단점이나 무능력을 말하는 것이 아니라 단지 당신 자신의 욕구나 필요를 말하려고 한다는 것을 나타내 주라. 또한 상대편의 감정도 고려하고 있어야 한다. 남편이 일 때문에 지쳐 있거나 기분이 좋지 않을 때, 혹은 최근에 여러 가지 문제로 고민하고 있는 경우에는 이야기를 좀 미루는 것이 좋다. 그래서 시기나 분위기, 태도 등이 가장 알맞다고 여겨질 때 당신이 가장 깊은 느낌까지를 가능한 한 잘 이해하도록 설명해야 한다. 이 책의 앞에 쓰여진 모든 이야기를 참고하여 훌륭한 소년 단원처럼 준비를 해야 한다.

 물론 단 한 번의 대화를 통해서 오랜 기간 동안에 걸쳐온 행동과 태도의 변화가 지속되어지기를 바랄 수는 없다. 이해받고 싶은 여성은 늘 남편이 필요로 하는 것을 다 채워주면서, 자신의 느낌이나 소망을 남편에게 가르쳐 주어야 한다.

 여성들이 비굴한 태도로, 자기 남편에게 자기를 안아달라고 간청하라고 하는 것과는 다르다. 남편과 아내의 관계는 언제나 체면과 자존심이 우선적으로 선행되어야 하는 것이다. 이렇게 함으로써 가장 필요한 부분에 자연스럽게 가까이 할 수가 있는 것이다. 나는 지금까지 수많은(대부분이 그런 것은 아니겠지만) 부부들이 인간의 공통된 특성을 이해하지 못하고서 괴로워하는 것을 보아 왔다. 우리는 행운으로밖에 얻을 수 없는 것들을 높이 평가한다. 우리는 우리의 손으로는 도저히 미치지 못하는 것을 갈망한다. 그것이 영구히 자기 것이 되어버리면 똑같은 것이라도 멸시하게 된다. 장난감도 가게에 전시되어 있을 때만 우스꽝스러워 보이며 갖고 싶어한다. 늘 갖고 싶어하던 값비싼 자동차도 결국 갖게 되면 만족을 주지 못한다. 이 원리는 사랑에 있어서, 특히 남자에게 있어서는 정확히 들어 맞는다. 그 극단적인 예로써 돈 주안을 생각해 보라. 이 여자 저 여자에게로 탐닉하며 끊임없이 떠돌아 다니던 사람 말이다. 도망다니면서 유리 구두를 떨어뜨리고 가는 공주의 뒤를 늘 쫓아 다니던 그는, 그녀를 사로잡기 위해서 온 힘을 다 기울였다. 그러나 그의 욕망은 그녀를 잡을 수 없는 경우에만 강렬하다. 그의 꿈이 이루어지면 그는 스스로에게 묻는다. '이것이 정말 내가 바라던 것일까?' 두 사람의 관계가 점점 생활속에서 일상적인 것으로 진전되어 갈수록, 그는 새로운 여자에게 끌려서 이 지겨운 여자로부터 달아날 궁리만 하게 된다.

제5장 고독, 단절, 지루함과 낭만적인 사랑이 없는 결혼생활

　남성들 전부 혹은 대부분을 놓고 그렇게 말하는 것은 아니지만, 내가 말한 한량처럼 충동적이고 오래가질 못한다고 할 수 있다. 좀 너그럽게 말한다면 대부분의 여자나 남자들은 이와 같은 경향이 있다. 서로 싫증이 난 사람들이 한시 바삐 상대방이 자기를 버리고 떠나주기를 고대하는 경우도 많이 보았다. 무감각한 상태로 몇 년을 지내고 나면 낭만적인 기대와 무모한 희망은 어느덧 사라지고 만다.
　이런 원리는 내게 있어서도 차츰 적용되어 가는 것 같다. 이 말을 쓰고 있는 지금 당장에도 나는 복부 수술을 하러간 아내를 대기실에서 기다리고 있는 중이다. 나는 걱정과 긴장감을 풀어 보려고 이것을 쓰고 있다. 늘 셜리 곁에 있으면서 나는 아침까지도 셜리에 대한 고마움과 따스한 사랑을 최고로 느끼고 있었다. 5분 전에는 어느 외과 의사가 수술실에서 나오면서 내 곁의 남자에게 그의 아내가 암인 것 같다고 말해 주었다. 그 의사는 좋지 않은 병의 상태를 이야기해 주는 데에도 지극히 무관심하게 말하고 있었다. 나도 얼마 안 있으면 셜리를 수술한 의사와 이야기를 해야 하는데, 나도 그런 상처를 입게 될 것이 확실하다고 느꼈다. 지난 14년간 아내에 대한 나의 사랑은 한 번도 변해 본 적이 없었지만 이렇게 위험한 순간이 닥친 때만큼 강렬해 본 적은 없었다. 여러분도 아는대로 우리의 감정은 위협당할 때 뿐만이 아니라, 영원히 잃어 버릴지도 모르는 위험에 의해서도 영향을 받고 있다(내가 윗 문장을 쓰고 있

을 때 의사가 찾아와서 아내는 아무 탈없이 수술을 끝마쳤으며, 병리학자들도 아무런 이상한 조직을 찾아내지 못했다고 말해 주었다. 나는 정말 축복받은 남자이다. 나는 오늘 목격했던 여러 가지로 불행한 일을 당한 가족들에게 깊은 동정을 느꼈다).

변덕스러운 마음을 나타내 주는 더 좋은 예를 들어보자. 셜리와 내가 처음 만났을 때, 그녀는 아주 겸손한 2학년생이었고 나는 당당한 4학년생이었다. 나는 스스로가 캠퍼스 안에서 거물급에 속한다고 자신하고 있었고, 이 어린 소녀와의 관계를 대수롭지 않게 여겼다. 또한 그녀도 따르는 남자들이 많이 있었기 때문에 내가 보인 당당한 태도에 약간 기분이 나빴나 보다. 그녀는 자신이 없었기 때문이라도 우선 나를 눌러 놓고 싶었지만, 그녀의 만족이 나의 관심을 막아 버렸다. 졸업한 후 다른 연인들처럼 우리도 긴 대화를 나누었다. 나는 곧 결혼할 생각이 없었기 때문에, 그녀에게 내가 군에 가 있는 동안 다른 남자들과 만나라는 이야기를 했다. 그때 보여준 그녀의 태도를 나는 잊지 못할 것이다. 나는 셜리가 울면서 내게 매달릴 것이라도 생각하고 있었는데 오히려 그녀는 "나도 똑같은 생각을 하고 있었어요. 난 다른 사람들과 사귀고 싶어요. 이제부터 떨어져서 가야죠" 하고 말하는 것이었다. 그녀의 대답은 내게 충격적이었다. 처음으로 그녀는 내게서 멀어져갔다. 그날

제5장 고독, 단절, 지루함과 낭만적인 사랑이 없는 결혼생활

밤 현관문을 닫고 들어간 셜리가 밤새껏 울었다는 것을 나는 몰랐었다.

나는 육군에 들어갔다가 부근의 학교로 복학했다(남캘리포니아 대학). 졸업 훈련을 받기 위해서였다. 이때 셜리는 의젓한 졸업반 학생이었으며 나는 그냥 평범한 학생이었다. 그녀는 동창회 퀸이었고 졸업반 대표로서 '미국 단과대학 및 종합대학 학생회'의 회원이었다. 그리고 반에서 제일 인기있는 여학생 중의 한 사람이기도 했다. 기대할 수 있었듯이 그녀는 너무나 매력적으로 보였다. 나는 하루에 여러 번씩 전화를 걸어서 그녀가 만나는 사람은 도대체 누구냐고 불평을 하며, 내가 꿈꾸는 소녀를 즐겁게 해주려고 갖은 애를 썼다. 그러나 셜리는 내가 초조해 하는 모습을 보자 사랑이 식어 버렸다. 2년 전에 그녀의 마음을 끌었던 당당함이 없어져 버린 것이다. 그 대신에 나는 그녀의 문앞에서 애원을 하며, 환심을 사려고 애쓰는 전혀 다른 사람으로 변해 버린 것이다.

어느날 평범한 데이트가 끝난 후 나는 책상 머리에 앉아서 일이 어떻게 되어갈 것인지에 대해 골똘히 생각하고 있었다. 그러면서 나는 갑자기 내가 큰 잘못을 저지른 것을 깨닫게 되었다. 즉시로 나는 펜을 들고서 우리의 관계를 진전시키기 위해서 내가 바꾸어야 할 열 가지 태도를 썼다. 첫째로 나는 내가 깊이 사랑하는 소년을 잃는 한이 있다 하더라도 내 체면과 긍지를 나타내 보이기로 했다. 둘째로는 기회가 있을 때마다 이런 태도를 보여 주기로 했다. "나는 인생에서 어떤 목표가 있고 거기에 도달하려고 애쓰고 있다. 난 당신을 사랑하며 당신이 나와 함께 그곳으로 가주길 바라고 있다. 그렇게 해준다면 나는 내 자신을 당신께 바치고, 당신을 행복하게 해주기 위해 힘껏 해보겠지만, 당신이 싫다면 억지로 강요하지는 않겠다. 당신이 결정하라. 그대로 따르겠다." 내가 바꾼 태도는 이밖에 여러 가지가 있었지만, 그 모든 것들이 자신감과 기백에 기반을 둔 태도였다.

이 새로운 방식을 쓰기 시작한 첫날밤 나는 내 생애에 있어서 가장 통쾌한 경험을 했다. 지금 내 아내가 된 그 소녀는 그날 저녁에 내가 가려고 하는 것을 보더니 경적을 울렸다. 우리는 아무 말없이 내 차에 탔다. 셜리는 차를 길가에 대고 멈춰달라고 부탁했다. 그렇게 하자 셜리는 내 목을 안으며 이렇게 말했다. "나는 당신을 잃을까봐 두려워져요. 왜 그런지 모르겠어요. 아직도 날 사랑하세요?" 나는 반사되는 달빛으로 그녀의 눈에 눈물이 고여있는 것을 보았다. 나는 셜리를 위해서 다시금 당당한 자세를 취했고, 그녀는 거기에 잘 따라온 것이다.

우리가 시이소 게임을 하게된 심리적인 요소는, 모든 인간에게 공통되는 것이기 때문에 중요하다. 쓸데없이 장황한 이야기를 늘어 놓아서 미안하지만 이 원리를 다시 한 번 말해야겠다. 우리는 우리가 얻을 수 없는 것에 대해 연연해 하며, 우리가 이미 벗어날 수 없는 상태가 되면 싫어진다는 것이다. 이

제5장 고독, 단절, 지루함과 낭만적인 사랑이 없는 결혼생활

 격언은 특히 사랑 문제에 있어서 들어맞게 되며 당신에게 있어서도 마찬가지일 것이다. 이러한 성질 가운데 깜빡 잊어버린 것은 결혼이란 없애 버릴 수도 없고 변화시킬 수도 없다는 것이다. 부부 중에서 어느 한쪽이 이러한 싫증 때문에 괴로워할 때마다, 자기 배우자가 자기를 멀리할까봐 두려워질 때, 억지로 주는 동정을 호소할 때, 자신을 필요로 하고 사랑하는 사람으로부터 멸시하는 태도를 느끼게 된다. 둘 중에 어느 한 사람이 다른 사람에게 멸시를 감수하면서 정신적으로 매달리게 될 때에는 낭만적인 사랑의 불길에 물을 뿌리는 일 이외에는 없을 것이다. 아무 소용도 없이 이런 말만 하게 된다. "아무리 당신이 나를 업신여겨도 괜찮아. 난 당신 발 밑에 있을 거야. 난 당신없인 살 수가 없어." 이것이야말로 좋은 관계를 끊어 놓는데 제일 효과적인 방법이다. 그러면 내가 말하고 있는 것은 도대체 무슨 이야기인가? 자신의 체면을 세우기 위해서 늘 물고 할퀴어야 하나? 아니다. 어떤 활력을 불어 넣기 위해 고양이와 쥐 게임을 하라는 것인가? 전혀 아니다. 가까이 하되 자존심이나 체면만은 지켜야 한다는 것이다. 이 점에 대해서 예를 들어보자.

 어느 한쪽의 예를 들어서 남편이 자기 아내에게 싫증이 났다는 표시를 하기 시작했다고 해보자. 요즘 들어 성생활도 둔감해졌으며, 정신적인 일치감을 느끼는 일도 추억으로만 남아 있다고 해보자(파경이 단숨에 되어지는 경우는 드물다. 조금씩 금이 가기 시작하는 것이다.). 마침내 두 사람 사이가 점점 벌어져서 남편은 늘 자기 아내에게 얕보는 태도를 취하며, 남들 앞에서 멸시하곤 한다. 이런 경우에 나타나는 증세를 나는 '제동걸린 증세'라고 부른다. 그 사람은 자주 이런 생각을 하게 된다. '난 설흔 다섯이야(몇살이든 상관 없다). 이젠 더 젊어질 수가 없지. 정말로 내가 여생을 이 한 여자와 함께 지내기를 바라는 걸까? 난 그녀에게 진력이 났어. 흥미있는 점은 하나도 없거든. 그렇지만 다른 방도가 없군.' 이런 느낌이 먼저 자기 아내를 의심하는 마음 앞에 일어나는 것이다. 그리고 이런 부부간의 갈등은 분명히 느낄 수가 있다.

자기 남편이 이런 기분에 빠져 있다는 것을 아내가 알았을 때는 어떻게 해야 할까? 가장 분명한 사실 한 가지는, 그의 주위에 이 속박을 더 단단히 하는 것이 가장 나쁘다는 것이지만, 흔히는 이런 행동을 먼저 취하기가 쉽다. 그가 얼마나 자신에게 중요한 존재인지를 생각할수록 천하없이 그가 없으면 살 수 없다는 생각이 들게 되며 다른 여자가 있든 없든 간에 그녀는 근심에 쌓여서 자기 남편을 붙들어 두려고 애쓰게 된다. 빌고 애원하는 행동은 더욱 아내를 얕보게 만들며 점점 두 사람 사이는 멀어지게 된다. 내가 상담을 통해 얻은 경험에 의하면 더 좋은 방법이 있다. 자기 남편이나 아내를 되찾을 수 있는 가장 좋은 방법은 떨어져가는 사람을 쫓아가지 않는 일이다. "왜 제게 그렇게 하지요?" 그리고 "왜 제게 그런 식으로 말해

제5장 고독, 단절, 지루함과 낭만적인 사랑이 없는 결혼생활

요?" 혹은 "왜 관심을 가져주지 않는 거죠?"라고 말하지 말고 그 대신 아내가 그만큼 자기 자신으로 되돌아 와야 한다. 방 안에서 자기 남편 곁을 지날 때에 그를 스치거나 그의 주의를 끌어 보게 되는데, 스치지 말고서 지나쳐 버려라. 침묵으로 대하면 같이 침묵으로 마주 대해 주되, 남편이 왜 그러느냐고 물을 때 곧 폭발할 수 있을 만큼 적대감을 품거나 저돌적으로 되어서는 안 된다. 차라리 이런 식으로 응대해 주라. 늘 조용히 자신감을 가지고 당당하게, 여유있는 듯한 태도로 말이다. 이런 행동의 결과는 함정에 빠진 그에게 출구가 되어줄 것이다. 흡혈귀처럼 남편의 목에 매달리는 대신에 아내 스스로가 손을 들고 그의 태도와 똑같이 응대해 주라. 아마도 남편이 자기가 너무 멀어져서 가장 귀중한 것들을 잃게 되지나 않을지 걱정하도록 만들어야 한다. 이렇게 해서도 남편을 돌아서게 할 수 없다면 그 관계는 이미 끝난 셈이다.

내가 쓰려고 하는 말은 그로서는 도저히 표현할 수가 없는 것이어서, 이 점에 대해 독자들이 오해할 것 같다. 여성들더러 분개해서 일어서라고 권한 적은 없다. 일어서서 자신의 집안 일에 대한 권리를 주장하거나 뚱한 표정으로 말 한 마디없이 토라져 있으라는 것이 아니다. 성의 대결에 여성들을 끌어들이려는 많은 움직임과 나를 동일시 하지는 말기 바란다. 어떤 방법으로든지 자기의 권리를 주장하며, 분개하는 여성보다 더 매력없는 존재는 없다. 아니 그 해결책은 적대감 속에서가 아

넌 조용한 자존심 속에서만 나타나는 것이다.

간단히 말해서 결혼생활에 있어 자신의 긍지라는 것은 데이트하는 시기에 생겨난 그대로 유지되어야만 한다는 것이다. 이런 태도여야 한다. "나는 당신을 사랑하며, 당신에게만 속해 있다. 그렇지만 우리의 관계에 있어서 나는 절반만을 조절할 수 있을 뿐이다. 내게 사랑해 달라고 강요할 수는 없다. 우리가 결혼하기로 합의했을 때 당신은 자의로 내게 온 것이다. 아무도 강요하지 않았다. 우리의 사랑이 유지되는 데에도 그와 같은 자유로운 의사가 있어야 한다. 당신이 마음대로 멀리 떠나 버린다면 나는 큰 상처를 받을 것이다. 나는 혼자서는 살 수가 없으니까. 그렇지만 당신을 보내 드리겠다. 나는 끝까지 견디며 살아갈 거다. 처음부터 나는 당신의 사랑을 요구할 수도 없었지만, 지금에야 그럴 수가 있을 것 같다."

여성이 자신의 욕구를 남편에게 가르쳐 주어야 한다는 문제로 되돌아가서, 내가 말한 것은 자존심이 존재하는 상태에서만 가능한 것이다. 실제로도 이런 식으로 처리되어야 할 것이다.

사랑의 의미

많은 젊은이들이 사랑에 대해 왜곡된 개념을 갖고서 자라났다고 생각한다. 그들은 사물을 너무 정신이 빠진 상태에서 혼동하도록, 그리고 결혼이란 것을 실제 이상의 어떤 것으로 이 상화시켜 생각하도록 배웠다. 이런 상황을 타개해 나가기 위해서 나는 십대들에게 간단한 가부형의 테스트를 만들어 사용해 보았다. 그러나 놀랍게도 어른들이 자기 아이들보다도 이 문제를 더 맞추지 못하는 것을 보았다. 이 열 가지 항목을 사랑에 대한 자신의 이해도를 알고 싶어하는 사람들에게 시행한다는 것이다.

사랑에 대한 개념 - 혼자서 푸는 문제

참인지 거짓인지 동그라미를 쳐보라.

1. 어떤 사람들 사이에서는 첫눈에 사랑하게 되는 일도 일어난다고 믿는다.   참 거짓
2. 참된 사랑과 일시적으로 열중하는 것의 차이를 구별할 수 있다.   참 거짓
3. 정말 사랑하는 사람들은 다투거나 싸우지 않는다고 생각한다.   참 거짓
4. 하나님은 각자가 결혼할 사람을 미리 정해 놓으셨으며, 두 사람을 늘 인도해 주신다고 믿는다.   참 거짓
5. 남자와 여자가 서로 순수하게 사랑하기만 한다면, 어떤 어려움이나 곤란도 그들의 관계를 바꾸어 놓지 못한다고 생각한다.   참 거짓

6. 혼자서 일생을 외롭게 사는 것보다는 나쁜 사람이라도 만나서 결혼하는 것이 낫다고 생각한다. 참 거짓
7. 두 사람이 진지한 사이라면 혼전 성교를 해도 무방하다고 생각한다. 참 거짓
8. 두 사람이 진정으로 사랑한다면 이 관계는 영구하게 일생동안 지속되리라고 믿는다. 참 거짓
9. 연애 기간은 짧은 것(6개월 이내)이 좋다고 본다. 참 거짓
10. 10대들은 어른들보다 더 순수한 사랑을 할 수 있다고 생각한다. 참 거짓

 이 물음에 대한 답변은 사람마다 아주 달랐지만, 각 항목에 대해 내가 옳다고 여겨온 문제들에 대해 다시금 생각해 보게 되었다. 이런 혼동은 소년 소녀가 만날 때 이미 시작되며 하늘 전체가 낭만적으로 보이게 된다. 연기와 불이 지난 다음에는 천둥과 번개가 따르게 되며, 어느 사이에 두 소년 소녀는 서로가 진정으로 사랑에 빠져 있다는 것을 깨닫게 된다. 아드레날린과 그 밖의 64가지의 호르몬이 심장에서 혈관을 타고 흘러서 전신의 신경들은 11볼트의 전압을 띠게 된다. 그러면 이 두 어린 연인들은 서로를 존경해주고 정신못차리는 버릇 속에 달콤한 말만 집어넣게 된다. "바로 이것이야! 이제 찾는 것은 끝났어. 난 이 세상에서 가장 완전무결한 인간을 찾아 냈어. 사랑을 위하여 건배!"

제5장 고독, 단절, 지루함과 낭만적인 사랑이 없는 결혼생활

　이 낭만에 젖은 연인들은 바라보는 것조차도 신기하기만 하다. 하루 24시간 내내 같이 지내고 싶어한다. 빗 속을 걷고, 물가에 나란히 앉아 있고, 입맞추며 꼭 안아주고 싶어한다. 서로를 생각만 해도 숨이 막힐 듯 해진다. 결혼 문제를 입밖에 내는 것도 금방이다. 그래서 날을 잡고 교회당에 가서 목사님께 상의를 하고, 꽃을 받아서 결혼식 준비를 한다. 엄마가 울고 아빠가 화를 내시며, 샘많은 신부의 친구들과 들러리 소녀들 사이에서 첫날 밤이 다가온다. 촛불을 밝히고 신부 친구들은 아름다운 노래를 부른다. 결혼 서약서에 맹세를 하고 떨리는 손가락에 반지를 끼우면 주례자가 새 아내에게 키스를 하라고 한다. 그리고 나서는 통로를 걸어나가면 손님들이 신부에게 키스를 하며, 눈을 반짝이며 바라본다. 케익을 나누고 기념 사진도 찍는다. 마침내 두 부부는 쌀알을 던져주는 사람들 사이로 교회를 빠져나가 신혼여행을 떠난다. 아름다운 꿈이 남아있는 한도 내에서는 괜찮지만, 단지 그 시간이 지나면 그만이다.
　호텔에서 지내는 첫날 밤은 흔히 듣던 것만큼 좋지는 않다. 희극적인 재난으로 화한다. 신부는 지쳐있고 긴장해 있으며, 남자도 자기 생각만 하고 있으며, 멍한 상태이다. 첫날부터 성행위도 실패할까봐 두려워하는 기분으로 젖어있게 된다. 결혼생활에 대한 기대는 곧 무너지고 낙담하며 두려워하게 된다. 대부분의 사람들은 성적인 자신감을 갖고 싶어하기 때문에,

다정한 남편의 사랑스런 아내 이해하기

　부부마다 자기 배우자가 오르가즘을 느끼지 못하는 것을 탓하려고만 한다. 여기에서 두 사람 사이에 분노나 후회가 나타나게 되는 것이다.

　두번째 날 오후 세 시쯤 되면 남자는 한참동안 진지하게 생각을 해본다. '내가 정말로 큰 실수를 저지르지나 않은 걸까?' 남편이 말을 하지 않기 때문에, 아내는 조바심이 나며 불쾌한 일만 자꾸 생긴다. 이런 새로운 생활에 대해서 두 사람은 너무나도 생각을 해보지 않았기 때문에, 둘 다 제동이 걸린 것같은 기분이 되어 버린다.

　첫번째 충돌은 아주 어처구니없는 일에서 생겨난다. 신혼여행의 세번째 날 저녁 식사에 얼마나 돈을 써야 하는지에 대해서 다투게 된다. 아주 분위기가 좋은 곳에 가서, 멋진 식사를 하자는 아내와 햄버거로 때우자는 남편이 맞선다. 이런 충돌은 곧 끝나고 한쪽이 사과를 하지만, 다소 거친 말들이 튀어나와서 낭만적인 환상은 깨어져 버린다. 얼마 안 있어서 그들은 서로를 어떻게 하면 상처입힐 수 있는지 알아내게 된다.

　어쨌든 6일간의 여행을 마치고 집으로 돌아온다. 그러나 세상은 이미 붕괴되어 버렸고, 갈기갈기 찢겨 있다. 두번째 언쟁은 첫번째보다 심하게 벌어진다. 남편은 2시간이나 집을 나가 버리고, 아내는 친정 어머니를 부른다. 첫 1년 동안 수없이 의견충돌을 해가면서 자신이 상대방을 이겨 보려고 애쓴다. 이런 싸움이 벌어지는 사이에 여자는 자기 귀에 남아서 맴도는

제5장 고독, 단절, 지루함과 낭만적인 사랑이 없는 결혼생활

산부인과 의사의 말을 생각하며 병원 문을 나서게 된다. "존즈 부인, 참 기쁜 소식입니다!" 그 당시 존즈 부인이 가장 탐탁치 여기지 않는 사실은 바로 '좋은 소식'을 듣는 일이다.

거기에서부터 마지막 부부싸움까지 우리는 실망하고 혼동이 일으켜 깊은 상처를 받은 두 젊은이가 어떻게 되어가는 건지, 정신을 차리지 못하는 것을 보게 된다. 또한 안정된 집의 분위기를 누려보지 못한, 아직도 소년티가 나는 청년을 볼 수가 있다. 아마도 그는 어머니 밑에서 자라오면서 늘 "왜 아빠는 안 오시지?" 하고 궁금히 여기며 살아왔을 것이다.

내가 이야기한 이것이 젊은 부부 전부를 가리키는 것은 아니지만 대부분의 실태라고 할 수 있을 것이다. 세상의 어느 선진국보다도 미국의 이혼율이 높다. 그리고 더욱 증가되고 있다. 이렇게 착각에 빠져있는 젊은 부부에게는 어떤 일이 일어나게 될까? 어떻게 그런 환희가 순식간에 증오와 적대감으로 바뀌어질 수가 있었는가? 처음에 그들은 완전히 서로에게 매료되어 있었지만, 그들의 행복이 그들의 놀란 얼굴 위를 후려친 것이다. 왜 오래 지속되지를 못했을까? 다른 사람들은 어떻게 해서 그런 불쾌한 일을 피할 수가 있었을까?

첫째로 우리는 무엇보다도 멋진 사랑이 갖고 있는 참된 의미를 이해해야만 한다. 아마도 이 퀴즈에 대한 답을 통해서 그것을 알 수 있을 것이다.

1. 어떤 사람들에게 있어서는 첫눈에 완전히 사랑하게 된다고 믿는다.

첫눈에 사랑에 빠진다는 것은 신체적으로나 정서적으로 불가능하다고 한다면 일부 독자들은 내게 반문할지도 모른다. 왜 그런가? 사랑이란 것은 단순히 낭만적인 흥분을 느끼는 것이 아니기 때문이다. 그것은 가능성이 많은 배우자와 결혼하고 싶다는 욕망 이상의 것이다. 강렬한 성적 매력 이상의 것이다. 사회적으로 아주 바라던 큰 상급에 매료되었다는 기쁨 이상의 것이다. 첫눈에 반하는 느낌이, 사랑이 되지는 못한다. 세상 사람들 모두가 이 사실을 깨닫게 되길 바란다.

이런 일시적인 감정은 단 한 번의 경험에만 연연해 하는 점에 있어서 곧 참된 사랑과 다르다는 것을 알 수가 있다. "도대체 이게 웬일일까? 내가 겪은 일 중에서 제일 신기한 일인데! 내가 사랑에 빠졌나 보다!" 이것은 자신의 만족에만 급급한 이기적인 감정일 뿐이다. 이런 것은 새로운 연인이 나타나면 아무 소용이 없어진다. 그런 사람은 다른 사람과 사랑에 빠져본 경험이 없는 사람이다. "춤이 끝나기 전에 나는 당신과 사랑에 빠졌다." 이렇게 주장하는 사람이 있다. 그 사람이 이튿날 아침까지 그런 생각을 갖고 있게 될지 의문이다. 또 다른 사람은 이렇게 말한다. "전 어찌해야 좋을지 몰라서 할 수 없이 말했죠. 당신을 사랑합니다!" 이것이 바로 내게 있어서 문제가 되

제5장 고독, 단절, 지루함과 낭만적인 사랑이 없는 결혼생활

는 것이다. 일생을 두고 지켜야 할 의무가 이런 혼란에서 기인된 것이라는 사실은 적어도 커다란 충격인 셈이다. 패트리지 훼밀리가 몇 년 전에 내논 노래에서는 참된 사랑에 대한 인식의 부족을 나타내주고 있다. 거기서는 이렇게 말한다. "난 아침에 사랑 속에서 눈을 떴다."

여러분이 알 수 있는 대로 이런 의미의 사랑은 기분에 불과한 것이다. 영구한 것은 아니다. 마지막으로 60년대의 록 그룹인 '더 도어즈'들은 세기 사상 가장 무식한 노래를 불러대서 상을 탔다. 그것은 "안녕, 당신을 사랑해요. 당신 이름 좀 가르쳐 줘요!"이다.

이런 결혼의 개념이 낭만적인 사랑에 기반을 두게 된 것이 바로 얼마 전의 일에 불과하다는 것을 아는지 모르겠다. 기원 1200년 이전에는 결혼이란 것이 신부와 신랑의 가족들에 의해서 이루어졌다. 서로 사랑하는 사람들끼리 결혼하는 일은 없었다. 낭만적인 사랑의 개념은 윌리엄 세익스피어에 의해서 대중화되었다. 할 수만 있다면 그 영국 신사를 다시 불러다가 자신이 시작해 놓은 이 과오를 다시 시정해 놓으라고 하고 싶다.

일반적인 개념과는 달리 참된 사랑이란 것은 다른 인간에 대한 깊은 감사의 표시인 것이다. 과거나 현재, 미래에 있어서 그 사람을 필요로 하며 갈망하는 것을 강렬히 느끼는 것이다. 그것은 자기만 아는 것이 아니며 자신을 주고 돌보아 주는 것이다. 그리고 여러분은 모두 내 말을 명심해야 한다. 누구라도

첫눈에 사랑에 빠질 수는 없는 것이다. 개울에 빠지는 일은 있더라도 말이다. 나는 일생을 두고 내 아내를 사랑해 왔지만 어디엔가 빠져있는 것은 아니다. 나는 점점 그 속으로 자라가고 있을 따름이며, 거기에 시간이 필요하다. 내가 그녀의 깊은 마음씨와 잔잔한 마음가짐에 대해 감사하기 전에 앞서, 지금 내가 아끼고 있는 그녀의 성격을 잘 알고 친숙하게 되어야만 했었다. 사랑이 피어나게 되는 이런 친밀감은 단순히 '아주 황홀한 저녁에, 붐비는 방 안으로부터' 하는 식으로 생겨날 수는 없는 것이다. 전혀 모르는 사람을 사랑할 수는 없다. 아무리 매력적이고 유혹적인 사람이라도 말이다.

2. 그냥 매혹되는 것과 진실한 사랑은 쉽게 구별이 된다

이 답은 다시 말하지만 잘못된 말이다. 멋진 모험을 시작하게 되면 일생동안 겪게 될 모든 일을 견디어 낼 것만 같이 느껴진다. 초롱초롱한 눈빛의 열 여섯 살 소년에게 그가 정말로 사랑에 빠져있는 것이 아니며… 단지 매혹되어 있을 따름이라고 이야기해 보라. 그는 기타를 치며 노래를 부를 것이다. "어린 사랑, 참된 사랑, 진실로 가득찼네. 이런 사랑, 참된 사랑, 모든 것, 바치는 사랑!" 자신의 느낌을 아는 그는 아주 대단한 기분인 것이다. 그러나 그 종말은 뻔한 것이기 때문에, 차라리 그 시간에 롤러 스케이트나 타는 것이 좋을 것이다.

제5장 고독, 단절, 지루함과 낭만적인 사랑이 없는 결혼생활

나는 이 점을 강조하고 싶다. 무엇에 열중해서 들뜨는 상태는 오래 가지를 못한다. 두번째 장에서 이야기한대로 감정이란 것은 주기적인 리듬을 따라서 상하로 변하며, 낭만이라는 것은 감정이기 때문에, 이렇게 갈피를 못잡는다는 것은 분명하다. 그렇기 때문에 성적인 만족을 얻는 것을 순수한 사랑으로 잘못 안다면, 이미 착각과 실망은 다가와 있는 셈이다.

젊은 부부들 중에 얼마나 많은 사람들이 '첫번 데이트에서 이미' 사랑에 빠져 버려서 자기 기분이 한 번 침체되기도 전에 결혼이라는 속박 속에 들어가 버리곤 한다. 그리고서 어느날 아침엔가 사랑이 식어버렸다는 것을 생각해 보지도 않은 채 잠을 깨게 된다. 실제로 처음부터 그렇게 되지는 않는다. 그들은 기분이 아주 최고에 달했을 때였기 때문에 자신에게 속은 것이다. 나는 내가 강연을 해준 100쌍의 젊은 부부들에게 심리적으로 고조되고 저하되는 특징을 설명하려고 애썼다. 이 이야기를 하면서 누군가가 거기에 와 있던 젊은 청년에게, 왜 이렇게 어린 나이에 결혼했느냐고 묻자, 그는 이런 대답을 했다. "내가 그 움직이는 곡선을 깨달았을 때에는 이미 때가 늦었기 때문이죠." 슬프게도 이것은 사실이다. 그 감정 곡선이 수많은 젊은이들을 제동시킨 것이다.

이 '요동치는 곡선'은 생활 환경에 따라 위 아래로 움직여 간다. 아무리 남녀가 서로를 깊이 사랑하고 있다 하더라도 때로는 상대방에게 지나치게 신경질적이지만, 때로는 아주 상냥

하게 굴게 된다는 사실을 스스로가 알 것이다. 그러나 그들의 사랑은 그 감정 곡선의 위치에 제한을 받는 것이 아니며, 자신의 의지력에 지배를 받는 것이다. 나는 이런 생각을 결혼기념일 카드를 통해서 아내에게 말해 주려고 한 일이 있다. 벌써 6년 전의 일이다. 다시 써보기로 하자.

내 사랑하는 아내 셜리에게
우리의 8주년 결혼기념일을 맞으면서

지난 8년간 결혼생활을 하면서 사랑의 파도가 높이 치솟던 때와 서로를 위하는 우리의 마음이 끝없이 솟아나던 때를 당신은 모두 기억하리라고 믿소. 이런 종류의 강렬한 느낌이 저절로 생겨나는 것은 아니지만 때로는 특별한 행복감에 넘치도록 만들어 주기도 했던 것 같소. 그것은 내가 처음으로 교수직을 부탁받았을 때였지. 또 헌팅톤 병원에서, 우리 가정에 세상에서 가장 귀한 꼬마가 생겨난 날도 그랬었지. 그리고 남캘리포니아 대학에서 내게 박사 학위를 주었을 때도 그랬고, 그렇지만 감정이란 것은 정말 이상한 것 같소! 그와 정반대되는 사건이 벌어졌을 때도 그와 똑같은 서로간의 친밀감을 느끼게 되는 것이 말이오. 우리가 어려움과 위험에 처했을 때도 그랬었지. 몸이 아파서 결혼을 연기해야만 했을 때, 우린 더 가까워지지 않았소? 작년에 당신이 입원했을 때도 그랬지. 그놈의

제5장 고독, 단절, 지루함과 낭만적인 사랑이 없는 결혼생활

교통 사고를 당신이 의식을 잃었을 때에 그 옆에 무릎을 꿇으면서도 그랬었다오.
　난 이 말을 하고 싶소. 서로 깊이 사랑하는 사람들에게는 행복이든 불행이든 감사와 애정을 느끼게 해준다고 말이오. 실제로 우리 인생의 거의 대부분은 그런 재난이나 지극한 행복감으로만 차있는 것은 아닌 것 같소. 오히려 우리가 늘 사는대로 조용하고 일상적인 일들로만 가득차 있는 셈이지. 8주년이 되는 결혼 기념일에 나는 내 자신이 그런 사랑으로 가득 차있는 것을 느끼고 싶소. 오늘 나는 안정감을 느끼며 진정한 사랑을 느끼고 있다오. 나는 당신을 위해 살고 있으며, 당신을 행복하게 해주려고 애쓰고 있소. 지금까지보다 훨씬 더 많이 말이오. 나는 당신의 연인으로 계속 살아가고 싶소.
　우리를 가까이 맺어주는 일이 벌어질 때마다 우리는 젊은 시절과 똑같은 기쁨을 누릴 것이오. 그러나 오늘같이 평범한 생활 속에서도 내 사랑은 줄어지지 않고 있소. 내 아내에게 결혼기념일을 축하하며…

당신의 짐

　여기에서 가장 훌륭한 말은 '내가 당신에게만 속해 있다'는 것이다. 여러분이 알 수 있듯이 셜리에 대한 나의 사랑은 어떤 변화에도 흔들리지 않는다. 어떤 환경에 의해서나 외적인 영향에 관계없이 말이다. 내 감정은 극에서 극으로 변하지만, 내

사랑만은 제자리에 고정되어 있는 것이다. 내 자신이 아내를 선택했으며 그것을 굽히지 않고 의지력으로 지켜나가고 있다. "병들었을 때나 건강할 때나, 가난하든지 부요하든지, 좋은 환경이든 나쁜 환경이든, 오늘부터 늘…" 이 가장 중요한 언약을 수많은 현대인들은 내팽개치고 있다. 마치 이렇게 말하면서 말이다. "난 당신을 사랑해, 당신에게 마음이 끌려있는 동안은, 혹은 다른 사람이 더 나아 보이지 않는 한은, 혹은 우리 관계를 유지해 나가는 것이 내게 이로운 한은 말이지." 얼마가지 않아 이런 언약을 맺지 못한 사랑은 곧 사라져버릴 것이다.

그러면 이런 진실된 사랑을 일시적인 탐닉과 구별해 낼 수 있는 방법은 무엇이겠는가? 감정이란 것이 믿을만한 것이 아니라면 어떻게 자기의 의지력을 의무에 얽매어 놓을 수가 있는가? 거기에 대한 답변은 오직 한 가지 뿐이다. 시간이 필요하다. 결혼하려고 하는 젊은 연인들에게 내가 해줄 수 있는 최선의 충고는 (그리고 다른 중요한 일에도 마찬가지지만) 이것이다. 중요하고 일생을 좌우하는 결정을 너무 성급히 충동에 의해서 내려버리지 말고 의심이 날 때에는 충분히 기다려 보아야 한다는 것이다. 우리 모두에게 있어서 이것은 그리 나쁜 충고는 아닐 것이다.

3. 정말로 사랑하는 사람끼리는 다투거나 언쟁을 하지 않는다고 생각한다.

제5장 고독, 단절, 지루함과 낭만적인 사랑이 없는 결혼생활

　이 세번째 질문에 답을 해주어야 하는지에 대해서는 나 자신도 회의적이다. 결혼생활에서 생겨나는 어떤 충돌은 아무리 사랑하는 사이라 하더라도 분명히 생겨나기 마련이다. 그러나 그런 불일치를 해결하는 방법에 따라서 건전한 싸움인지 불건전한 싸움인지 차이가 나는 것이다. 불안정한 결혼일수록 노골적으로 상대방에게 적의를 나타낸다. "당신은 무엇하나 제대로 해내지 못하는군. 왜 당신같은 사람하고 결혼했을까? 정말로 당신은 둔해. 점점 갈수록 당신 어머니를 그대로 닮아 가는군!" 이런 인신 공격은 상대방의 자존심에 큰 상처를 주어서 내적인 혼란을 일으킨다.
　이렇게 되면 상대방도 자연히 이와 똑같이, 힘껏 자신의 증오와 불친절한 태도로 맞서면서 모욕을 가하게 된다. 이런 식의 가정 불화는 전적으로 상처를 입히기 위해서 반복되기 때문에, 그때 듣는 말들은 아무리 홧김에 내뱉은 것으로 여긴다 하더라도 잊혀지지가 않는 법이다. 이런 악의에서 벌어지는 싸움은 결혼생활에 최대의 타격을 가져온다. 이와 반대로 건전한 싸움은 의견이 맞지 않게 된 동기에 그 촛점을 주게 된다. "당신은 내가 미처 벌 수 없을 만큼 돈을 많이 쓰는 구려" "왜 저녁식사 시간에 늦었는지 말해 주지 않으면 화를 낼거요" "엊저녁 파티에서처럼 날 놀려대면 당황하잖아요?" 이런 경우는 비록 감정이 좀 격해 있고 팽팽히 맞선다 하더라도 서로에게 큰 상처를 주지 않는다. 원만한 부부는 서로 타협하고

양보함으로써 문제를 해결하기 때문에 그 다음날 아침이면 그런 기분은 거의 남지 않게 된다.

제대로 다툴 줄 아는 것도 신혼 부부들이 알아 두어야 할 기술이다. 이런 것을 이해하지 못하는 사람들은 두 가지로 나타난다. (1) 화를 속으로만 품고 있어서 해마다 자꾸만 쌓여가게 만든다. (2) 별거를 해버린다. 이 두 가지 종류의 사람들은 이혼법정에서 해결해낼 것이다.

4. 하나님이 각자에게 맞는 상대자를 골라 주신다고 믿으며, 늘 같이 인도해 주신다고 믿는다.

언젠가 나와 상담한 일이 있는 젊은 청년이 이런 말을 했다. 어느날 밤 한밤중에 잠이 깼는데, 갑자기 자기가 몇 번밖에 데이트를 하지 않은 여자와 결혼하는 것이 하나님의 뜻일거라는 느낌이 들었단다. 그때까지 그들은 서로를 잘 알지 못했기 때문에 전혀 결혼할 수 없는 처지였다. 그 이튿날 아침 그는 그 여자에게 전화를 걸어서 밤에 얻은 하나님의 뜻을 전했다. 그 처녀도 하나님의 뜻을 어길 수가 없다고 여겼기 때문에 응락을 했다. 그들은 7년 동안 같이 살아 왔는데, 결혼한 날부터 지금까지 늘 싸우기만 한다고 한다.

하나님이 모든 믿는 사람들에게 행복한 결혼생활을 보장해 주신다고 믿는 사람들은 가사상태에 있는 것과 마찬가지이다.

제5장 고독, 단절, 지루함과 낭만적인 사랑이 없는 결혼생활

이것은 하나님이 배우자를 고르는 일에 관심을 두지 않으신다거나, 이런 중요한 일에 있어서 인도하심을 요청할 때 거절하신다는 의미는 아니다. 분명코 그런 중요한 일에는 하나님의 뜻이 들어 있다. 나도 내 아내에게 구혼하기 전에 그분과 여러 번 상의했으니까. 그러나 하나님이 자기를 믿는 모든 사람에게 일상적으로 중매쟁이 역할을 하신다고 믿지는 않는다. 그분은 우리에게 판단력과 상식이라는 것, 투시력을 주셨으며, 우리가 결혼하는 문제에 대해서 이런 능력을 충분히 사용하기를 원하신다. 이와 다른 식으로 믿는 사람들은 이런 말을 내세우며 결혼한다. "하나님이 원하지 않으시면 이 길을 막아 주시겠지." 그런 자신감을 가진 사람들에게는 행운을 빌어줄 수 있을 따름이다.

5. 남자와 여자가 서로 깊이 사랑하기만 한다면, 어려움이나 곤경이 닥쳐도 두 사람의 사랑에는 변함이 없으리라고 믿는다.

'참된 사랑'이라는 것의 의미에 있어서 가장 공통된 그릇된 개념은 인생의 풍파 속에서 지브랄타 해협의 바위처럼 든든하리라는 생각이다. 사랑이란 것이 모든 것을 지배할 수 있다고 믿는 사람들이 많다. 비틀즈는 그들의 노래에서 이런 생각을 보여주고 있다. "우리가 필요로 하는 것은 사랑뿐, 사랑이야말로 우리에게 필요한 것 중에 전부다." 안됐지만 우리는 조금

더 필요한 것이 있다.

내 직장생활은 로스엔젤레스의 아동 병원, 아동 발육부에서 보내고 있다. 우리는 여러 해 동안 계속해서 숱한 유전적인 문제와 신진대사 장애로 고생하는 사람들을 보아 왔는데, 그 꼬마들 대부분은 지능 장애자이다. 가족 중에서 그런 진단을 받게 되면 충격이 대단히 커서 때로는 집안이 몰락하게도 된다. 아무리 안정되고 사랑으로 맺어진 결혼일지라도, 그런 아이를 낳았다는 죄책감과 실망이 커서 그 충격으로 인해 남편과 아내 사이에 큰 단절감이 생겨난다. 이와 똑같이 사랑으로 이어진 관계라도 경제적인 곤란이나 질병, 사업의 실패, 혹은 긴 별거 생활에 의해 약해질 수가 있다.

간단히 말해서 사랑은 고통이나 상처를 통해 다치기가 쉬운 것이며, 생활에서 충격을 받게 되면 동요를 가져오게 되는 것이다.

6. 일생동안 혼자서 외롭게 지내는 것보다는 나쁜 사람이라도 같이 사는 편이 낫다고 생각한다.

다시 말하지만 이것은 옳지 않다. 일반적으로 볼 때 잘못된 결혼생활에서 싸움을 하여 괴롭게 사는 것보다는 차라리 혼자서 외롭게 사는 편이 고통이 덜하다고 한다. '노처녀'(내가 싫어하는 말이다.)가 될까봐 두려워서 많은 처녀들이 첫 번 만나는 사람과 결혼하려고 애쓴다. 그런데 그 결과는 다시 돌이킬 수 없는 재난인 경우가 많다.

7. 두 사람이 아주 깊은 사이라면 혼전 성교도 무방하다고 생각한다.

이 항목은 일반 사람이 갖고 있는 참된 사랑에 대한 잘못된 인식 중에서, 국가적으로나 개인적으로 가장 위험한 생각이다. 지난 15년 동안 우리는 우리의 성 윤리나 전통적인 윤리관이 완전히 무너져가는 것을 보고 있어야만 했다. 유흥업계나 매스컴을 통해 맹공격을 받아오면서, 우리들은 혼전 성교라는 것이 아주 그럴듯한 체험이라고 여기게 되었으며 혼외 정사도 건전한 것이며, 동성 연애도 그럴 듯하고, 이성 간의 교합도 더군다나 더욱 좋은 것이라고 여기게 되었다. 이런 견해는 우리가 살고 있는 이 세대의 성적인 우둔함을 나타내주고 있지만, 수많은 미국인들이 이것을 신봉하며 그대로 따라가고 있다. 요즘 대학생들을 상대로 조사한 바에 따르면 그들 중에 25퍼센트가 적어도 3개월이상 이성과 동거해온 경험이 있다고 한다. '생활방식과 대학생활'에 따르면 66퍼센트의 대학생들이 서로 뜻이 맞거나 '몇 번쯤 데이트한 경우, 그리고 서로에게 관심이 있으면' 혼전 성교도 좋다고 하는 것으로 나타났다. 내 자신이 운명의 예언자라고 생각하고 있지는 않지마는, 이런 경향이 짙어지는 것에 대해서는 경고하지 않을 수가 없다. 나는 이런 추세 속에서 우리 사회와 우리의 생활방식에 파멸을 가져오게 되리라고 예견을 할 때 두려움과 공포에 싸이게 된다.

지난 5000년간 인간들은 직관에 의해서라도 이런 난잡한 성행위가 각 개인은 물론, 생존 자체에 큰 위협을 미친다는 것을 알았다. 이렇게 얻은 지혜는 역사에 뚜렷이 남아 있다. 인류학자인 언윈 씨는 역사에 남아있는 88개의 문명을 연구하는데 심혈을 기울인 결과, 각 문화마다 서로 유사한 주기를 거치는 것을 알아내었다. 초기에는 성에 있어서 엄격한 규율을 지켜오다가, 종말이 가까워질수록 자신의 욕망을 다 드러낼 수 있는 완전한 자유를 요구하게 된다는 것이다. 언윈 씨의 연구에서 성적으로 관대하게 되는 사회는 곧 멸망하게 된다는 것이 나타났다. 거기에는 예외가 있을 수 없다.

왜 우리의 욕망과 문화의 잔존이 깊은 연관이 있다고 생각되는가? 그것은 본질적으로 인간들을 결속시켜 주는 것이 성적 결합이기 때문이다. 남성과 여성이 신체적으로 끌리게 될 때, 그들은 가족을 이루게 되며 그 안에서 더욱 발전하게 된다. 우리를 일하게 만들고 절약하며 어려움을 견디게 만드는 것은 바로 자기 가족을 살리려는 힘인 것이다. 성적인 원기가 건전한 아이를 키우도록 만들어 주며 한 세대에서 다음 세대로 온갖 가치관을 전승시키게 되는 것이다. 이런 이유로 해서 남성

제5장 고독, 단절, 지루함과 낭만적인 사랑이 없는 결혼생활

은 놀기보다 일을 하게 되는 것이다. 이런 이유로 여성들은 써버리기보다는 절약해서 모으게 되는 것이다. 즉, 우리 인간에 있어서 성적인 본질이 전적으로 가족 안에서만 발산될 때 다른 길로는 얻을 수 없는 책임감과 안정감을 주는 것이다. 그리고 그 국가가 수많은 헌신적이고 책임감 있는 가족 단위로 구성되어 있을 때, 사회 전체는 안정되고 탄력성을 유지하게 된다.

만일 가족 안에서의 성적인 활력이 건전한 사회의 원동력이라면, 그것이 이런 경계를 넘어서서 발상되는 경우에는 파국이 올 위험이 크다. 인간들을 결속시켜 주던 바로 그 힘이 자신을 파괴하는 힘이 되는 것이다. 아마도 이런 점은 핵가족에 있어서의 성적인 활기를, 조그만 원자의 핵이 갖고 있는 물리적인 힘에 비유할 수가 있을 것이다. 전자, 중성자, 양성자들이 한 개의 원자 안에 정교하게 균형을 유지하고 있다. 그러나 그 원자가 핵분열을 시작하면 안으로 균형을 유지하고 있던 힘이 밖으로 유출되어 상상할 수 없을만큼 강한 파괴 능력을 나타내는 것이다.

여자와 남자 사이에 생겨나는 강렬한 욕망이 수많은 가족들 사이에 의혹과 간통을 초래하는 원인이 되어버릴 때, 그 사회가 정말로 쇠퇴해 가리라는 것을 그 누가 부정할 수 있겠는가? 여성이 자기 남편이 밖에 나가서 무엇을 하는지 알 수가 없고 남편은 자기가 없는 사이에 부인이 무슨 짓을 할지 몰라 의심하고, 제단 앞에 선 신부는 이미 임신하고 있으며, 신혼 부부가 이미 수많은 사람들과 잠자리를 같이 해본 경험이 있어서 결혼생활에 대한 경이감조차 없으며, 누구든지 자신의 감각적인 만족을 추구하는 데만 정신을 쏟는다면 말이다. 이렇게 도덕적으로 타락한 사회에서 가장 가엾은 희생자들은 자기 부모들의 고함소리를 들어야만 하는 상처받기 쉬운 어린 아이들이다. 아이는 공포와 절망에 빠지게 되며, 불안정한 집안 분위기 때문에 어린 마음에 큰 상처를 얻게 되는 것이다.

그리고 자기 부모가 분노에 차서 헤어지는 것을 보아야 하며, 자기가 필요로 하며 사랑하고 있는 아빠에게 작별인사를 해야만 한다. 또한 해마다 미혼모가 낳는 아기들에 대해, 따뜻한 가정에 대해서는 전혀 모르는 아이들에 대해 이야기해야겠다. 또 미국 젊은이들 사이에 전염병처럼 퍼져있는 만연된 성병에 대해서도 이야기해야 할 것이다. 이것이 성의 혁신이 가져온 진정한 결과이다. 이제는 그것을 낭만화시키고 자랑스럽게 떠드는 소리를 듣는 데 이미 진력이 났다. 하나님은 우리에게서 재미와 쾌락을 빼앗아 가시려고 이런 성적으로 무책임한 것을 금하신 것이 아니다. 단지 이런 썩어빠진 생활방식이 빚어내는 재난으로부터 우리를 건지시기 위한 것이다. 이 점에 있어서 그분의 명령에 거역하는 사람들이나 국가는, 자신들이 저지른 어리석은 행위에 대한 대가를 치루어야만 한다. 이 점에 대한 나의 견해는 다른 사람들의 지지를 얻지 못하겠지만 내 마음 속의 모든 것으로써 그 계명을 믿고 있다.

8. 부부가 깊이 사랑하고 있다면 그런 상태는 일생 동안 지속될 것이라고 생각한다.

사랑이란 것은 아무리 순수하다고 해도 다치기 쉬운 연약한 것이다. 잘 간직해 나가기 위해서는, 특별히 보호하고 유지시켜 나가도록 해야 한다. 남편이 일주일 내내 일하고 있을 때, 사랑을 위해서 낭만적인 행동을 할 시간이 없을 때, 남편과 아내가 서로에게 어떻게 말했는지 잊어버리게 될 때, 사랑은 식어질 수가 있다. 사랑하는 관계에 있어서는 날카로운 일면도 일상적인 일 가운데서 무디어 질 수가 있는데, 바로 나는 셜리와의 결혼생활을 통해서 이것을 경험했다. 나는 남캘리포니아 대학에서 박사 코스를 밟을 동안 줄곧 일을 해야만 했다. 아내는 학교에 나가며 집안 일을 해나가고 있었다. 나는 어느날 저녁 갑자기 이토록 바쁜 생활 때문에 우리 두 사람의 관계가 어떻게 되어 버렸는지에 대해 생각하게 되었다. 우리는 아직도 깊이 사랑하고 있었지만, 우리가 서로를 따뜻이 감싸주며 친밀감을 나누어 본 지가 벌써 오래 전의 일이 되어버린 것을 느꼈다. 나는 그날 밤 보던 책들을 다 밀어두고서 오랫동안 같이 산책을 했다. 그 다음 학기에는 좀 일을 줄이고, 내가 가장 귀중히 여기는 것을 지키기 위해서 내 목표를 당분간 연기했다.

당시의 가치관에 있어서 결혼생활은 얼만큼의 비중을 차지하고 있는가? 당신의 계획표 속에서 남은 시간을 보내는 위치인가? 혹은 잘 지켜나가야 하고 지탱해 가야할 가치있는 것인가?
　　만일 그냥 내버려 둔다면 곧 사랑은 사라져 갈 것이다.

9. 연애 기간은 짧은 것이 좋다고 생각한다(6개월 이내).

　　여기에 대한 답은 두번째 항목에서 순간적으로 끌리는 것에 대해 이야기하면서 말한 바 있다. 짧은 연애 기간에는 일생을 두고 지켜야 할 언약을, 충동에 의해서 결정하게 되기 쉬우며 적어도 그것은 위험한 일이다.

10. 나이든 사람보다 십대들이야말로 순수한 사랑을 할 수 있다고 생각한다.

　　이 항목이 사실이라면 우리는 곧 왜 십대에 결혼한 사람의 반수가 이혼으로 끝나는지를 물어야 할 것이다. 이와 반대로 내가 이야기한, 이기적이 아니고 자신을 주며, 언약을 잘 지켜나가는 사랑을 하려면 그렇게 해나갈 수 있을 만큼 성숙되어야 한다고 생각한다. 그리고 대부분의 십대들에게 있어서 그 성숙이란 것은 극히 일부에만 국한되어 있다. 청소년기의 사랑은 성장해 가는데 있어서 나타나는 한부분일 뿐이며, 훌륭

제5장 고독, 단절, 지루함과 낭만적인 사랑이 없는 결혼생활

한 결혼생활을 할 수 있을 만큼 깊은 관계를 맺는 데에는 부족하다.

요 약

앞에 쓴 짧은 설문 열 가지의 답은 모두 거짓이라고 써야 한다. 왜냐하면 이것이 바로 흔히 오인하기 쉬운 참된 사랑에 대한 개념이기 때문이다. 이 테스트가 결혼 약속에 기초로 쓰여졌으면 한다. 9-10점 사이면 아주 좋은 편이다. 5-8점까지는 결혼하기 전에 6개월쯤 성숙하기를 기다려야 한다. 4, 5가지 정도밖에 맞추지 못한 우둔한 사람은 계속 독신으로 지내는 것이 좋겠다. 당신은 어느 그룹에 들어 가겠는가?

질문과 답변

질문 : 왜 여성들이 남성들보다도 낭만적인 것을 바라는지 모르겠다. 아내들이 냉정한 태도에 의해서 상처를 더 잘 입는 이유는 무엇인가?

답변 : 여성에 있어서 이런 낭만적인 것을 필요하게 되는 것은, 아마도 뇌의 시상 하부에서 오는 유전적인 영향 때문이 아닌가 한다. 또한 여자 아이나 남자 아이가 어렸을 때 얻는 경험이 서로 다른 이유도 있을 것이다. 우리 사회에서도 어린 소녀들의 대체적인 경향도 낭만적인 일에 흥분을 느끼고 있다.

이것은 학교에 가기 전부터 어린 시절에 듣는 여러 환상적인 이야기 즉, 신데렐라(그리고 왕자님)의 미모나, 잘 생긴 왕자님이 나타나 키스를 해주어야만 깨어날 수 있는, 잠자는 공주님의 이야기 때문일 것이다. 사내 아이들은 축구경기의 유명한 선수나 총을 쏘아대는 카우보이에게 빠져있는 동안 여자 아이들은 '바아비인형'이나 다른 소꿉장난에서, 연애나 이성을 교제하는 것만 배우게 된다. 그리고 고등학교에 가면 남자 아이들보다도 더 많이 결혼에 대한 꿈을 꾸게 된다. 남자는 성이나 확실한 것을 좋아 하지만, 여성들은 사랑에 대해 눈이 멀어 있다. 여성들은 낭만적인 잡지를 사서 읽지만, 남자들은 그렇지 않는다. 즉, 남자와 여자는 그 견해나 기대가 전혀 다른 상태에서 결혼을 하게 되는 셈이다.

질문 : 그러면 왜 남자들은 여성의 본성에 대해 아무 것도 모르고 있나?

답변 : 그런 이야기를 들은 적이 없기 때문이다. 수 세기에 걸쳐서 여성들은 남성들의 성적 욕구를 다 채워 주어야 한다고 교육받아 왔다. 여자들은 모두 다 남성들이 성적만족을 추구하는 습성을 다 알고 있다. 내가 말하려는 것은 여성의 정서적인 만족감을 얻고 싶은 욕망도, 남성들이 성적으로 발산하고 싶어하는 본능과 똑같다는 점이다. 이 두 가지는 모두 막을 수가 있지만, 그 대가는 엄청난 것이다. 그리고 낭만적인 사랑을 받고 싶어하는 아내의 요구를 무시해 버리는 것은, 아내가

제5장 고독, 단절, 지루함과 낭만적인 사랑이 없는 결혼생활

남편의 성적욕구를 멀리해 버리는 것과 똑같이 불행한 일이다.

  이 책을 읽는 남성 독자들을 위해서 내 의사를 다시 한 번 직선적으로 말해 보고 싶다. 아마도 당신 아내는 당신의 따뜻한 마음씨에 대해 당신 자신이 상상할 수 없을 만큼 약하다. 당신이 그녀를 한 인간으로서 존중해주고, 그 가치를 알아준다는 사실을 아내에게 나타내주는 것보다도, 더 효과적으로 아내에게 긍지를 불어 넣어 줄 수 있는 방법은 없다. 또한 당신이 그녀를 조롱하고 비웃는 것보다도, 더 그녀의 자존심을 무참히 짓밟아 놓을 수 있는 방법도 없을 것이다. 이 사실이 의심스럽다면 간단한 실험 한 가지를 해보라고 권하겠다. 내일 아침 식사 시간에 당신 아이들에게, 하나님이 주신 이런 엄마를 둔 것이 정말 행운이 아니겠냐는 말을 해보라. 그녀에게 직접적으로 해주지 않더라도 아이들에게 엄마가 아이들을 입히고 먹이느라고, 얼마나 열심히 일하고 있는지 말해 주며, 엄마에게 얼만큼이나 감사하고 사랑해야 할는지에 대해서 말해 주라. 아내가 계란을 가지고 스크램블을 만들 동안 간간이 이런 말을 해보라. 아내가 나타내는 반응으로써 그녀의 기분을 짐작할 수 있게 될 것이다. 만일 아내가 넋을 잃어서 계란을 태우게 된다면, 그것은 당신이 그만큼 그녀에게 자발적으로 감사해 하지 않았다는 증거인 것이다. 만일 아내가 미소를 띠우며, 그러다가 차를 놓치겠다고 말한다면, 당신은 매일밤 잠

자리를 들 때마다 골치아프다고 하는 아내를 낫게 해줄 방법이 무엇인지 알게 될 것이다. 그렇지만 만일 당신이 한 말을 그녀가 흘려버렸다면, 그녀가 지금 아주 좋지 않은 상태이기 때문에, 주말, 여행이라도 데려가야 할 형편임을 알아야 한다. 그리고서 그녀에게 꽃이나 사탕, 연애편지를 줄 수 있는 숙소에 들어야 할 것이다.

당신은 의도적으로 당신 아내에게 아내를 아끼는 마음을 나타내준지 얼마나 되었는가?

질문 : 대부분의 여성들이 아직도 남편이 집안에서 주도권을 잡아주길 바라고 있는가?

답변 : 어떤 사람들은 말했다. "여성은 자신이 존경할 수 있는 사람을 존경하지만 또한 자신을 얕보지 않는 남자여야 한다." 이 말은 아주 고리타분한 것이지만 이것이야말로 여성 해방운동을 무색케할 정도로 들어맞고 있다. 다시 한 번 말하지만 여성은 자기를 사랑해 주고 부드럽게 대해 주며, 존중해 주는 남성의 아래에서 가장 평온한 법이다.

질문 : 나는 열아홉 살된 소녀인데 아직 미혼이다. 당신은 지금까지 결혼생활에서 일어나기 쉬운 우울증에 대해 이야기 하였는데, 만일 사실이 그렇다면 아예 결혼을 하지 말아야 하나?

답변 : 우리가 검토해본 우울증은 결혼생활의 가장 나쁜 일

제5장 고독, 단절, 지루함과 낭만적인 사랑이 없는 결혼생활

면을 나타낼 뿐이다. 더욱 긍정적인 면까지 잘 살펴볼 시간이 없었다. 개인적인 입장으로 말할 때 내게 있어서 셜리와 결혼한 일처럼 훌륭한 일은 없었다. 다른 사람 중에도 이런 말을 할 수 있는 사람이 많을 것이다. 무엇을 선택해도 문젯거리가 생기기 마련이다. 만일, 독신으로 지낸다면 다른 식으로 절망을 느끼게 될 것이다. 당신이 결혼을 하든 안하든 간에 나는 당신에게 내가 여덟살 때 주일학교 선생님에게 들은 말씀 그대로 되풀이 할 수밖에 없다. 이름도 잊은 선생님이지만, "네가 같이 살 수 있다고 생각되는 사람과는 결혼하지 마라. 당신이 그 사람 없이는 살 수 없다고 느껴지는 사람과 결혼해라. 그런 사람이 나타난다면…" 어쨌든 간에 결혼이 만병통치약만은 아님을 알아야 한다. 그 참된 가치를 얻기 위해서는 남편이나, 아내가 온갖 애를 써야만 한다는 것을 말이다.

제6장
경제적인 곤란

내가 십대였을 때 때때로 내게 즐거움을 주는 한 가지 꿈이 있었는데, 그것은 내가 걷는 보도 옆에서 반짝이는 1센트 짜리 동전을 찾아낼 때였다. 그것을 주우려고 몸을 굽히면 동전 두 개가 흙속에 묻히지 않고서 드러나 있게 된다. 그 두 개의 동전을 집어들 때는 그 밑으로 50센트 짜리가 4개 정도 더 있을 것만 같은 마치 큰 행운이라도 집은 것 같아서 기뻐했었다. 나는 주위를 둘러보면서 손가락으로 땅을 뒤적인다. 언제나 주위에는 열 두어 명의 사람들이 지나가고 있지만, 아무도 내가 찾아낸 것을 쳐다보지도 않는다. 그런데도 나는 다른 사람들이 집을까봐 조바심을 내면서 주머니에 재빨리 동전을 집어넣는다.

제6장 경제적인 곤란

　이런 이야기로는 여러 가지 경험이 있지만(언젠가 나는 초록색 우표를 수없이 주은 적이 있다.)언제나 거기에는 욕심이 드러나게 된다. 20년이 지난 오늘날, 나는 이런 욕심쟁이의 본성을 버린 것이 기쁘기만 하다. 그 대신에 나는 가끔씩 다른 사람들이 돈을 찾아내고 있는데, 나는 한 발자국도 움직이지 못하는 꿈을 꾸곤 한다. 그것은 바로 나의 어린 마음에 20년간 쌓여 있었던 습성의 잔재라고 보아야 할 것이다.
　당신의 정신생활 속에 경제적인 문제들은 얼마나 큰 영향을 끼치고 있는가? 아마도 돈 문제는 여러분에게 큰 영향을 주고 있는 것 같다. 왜냐하면 이 항목은 인간의 생활에 대한 걱정과 근심을 만들어 주기 때문이다. 경제적인 문제는 우울증의 원인에 대한 설문에 응했던 여성들에게, 큰 영향을 주고 있는 것 같다. 이 항목이 앞의 다섯 가지 항목 안에 들어 있었으니까. 더군다나 이 조사를 했던 것은 2년전으로는 그때는 인플레가 지금보다 덜했었다는 것을 생각해 보라. 요새는 사업하는 사람마다, 학교마다, 병원마다 그리고 가정마다 경제적인 문제 때문에 애를 먹고 있는 것 같다. 그리고 석유 생산국인 중동의 여러 나라에 막대한 돈을 내고 있는 것이 전세계를 궁핍 속으로 밀어 넣고 있으며 앞으로는 전쟁 가능성까지 보이고 있다. 만일 경제 침체기가 온다면, 우리의 정서적인 면에 끼치게 될 모든 결과들을 극복해 나갈 수 있도록 준비해야만 할 것이다.
　수입을 잘 조정해서 쓰는 법을 배우고자 한다면 거기에 대해 쓴 좋은 책들이 있다. 나 자신은 그 방면의 대가가 아니니까. 내가 말하려는 것은 보다 간결하게 요점만을 전달하고 싶은 것이다. 자꾸만 물건에 욕심을 내다보면 결국 자신에게 필요하지도 않고 살 형편도 되지 않는 것까지 사게 된다는 것이 내 생각이다.

부(富)를 누렸다고 내 자신이 자신 있게 말할 수는 없지만, 나도 미국인들이 무척이나 갖고 싶어하는 것을 가져 보았다. 신형 자동차며, 아담한 집, 편리한 생활용품같은 것 말이다. 금전출납부와 비교해 보면 단연코 그것들이 광고하고 있는 것만큼 만족을 주지 못한다고 말할 수가 있다. 그와는 반대로 나는 이런 큰 교훈을 얻게 되었다. "네 자신이 소유하고 있는 것이 점차 너를 지배하게 된다." 이것은 정말 옳은 말이다. 힘들여서 번 돈을 새 물건을 사는데 써버리게 되면 그 후로는 오히려 그것을 잘 보존하기 위해서 애를 써야만 한다. 그것이 내게 기쁨을 주는 것이 아니라, 내 귀중한 토요일에 기름칠을 해야 하고 닦아내고 칠을 하고, 깨끗이 하든지, 혹은 같이 끌어달라고 협조자를 불러야 한다. 가족들과 같이 보내야 할 시간에 그런 폐물 쪼가리와 씨름을 해야 한다.

나는 지난 여름에 근처의 장난감 가게에서 그네를 샀다. 반짝거리는 모양이 아주 단단해 보여서 아이들을 위해 하나 샀던 것이다. 그런데 운반하는 사람이 와서 날라다 준 것은 6,324개의 파이프와 28,487,651개의 볼트, 28,487,650개의 스크루, 그리고 아인슈타인이라 할지라도 당황해서 어찌할 바를 모를 만큼 많은 연장이 들어 있었다. 그후 48시간을, 나는 갖가지 부속품과 씨름하며 일해야 했다. 마침내 다 완성이 되었을 때에는 좁은 구멍에 스크루를 박느라고 망치로 때려서 오른손에 큰 상처가 나 있었다. 그런데 설명서의 뒷부분에는 "견고하게 하기 위해서는 2주마다 한 번씩 볼트를 다시 조여야 합니다." 이런 말이 씌여있지 않는가? 물질에 대해 노예가 되어야 하는 우리의 입장을 이것으로 잘 설명이 되리라 믿는다. 요즘도 나는 이 괴물 같은 것 때문에 토요일 오후를 다 보내고 있다. 안 그러면 우리 아이가 다칠지 모르기 때문이다. 여러분, 이것이 바로 소유한다는 것의 대가이다.

지난해에 당신이 샀던 것 중에서 가장 무가치하고 불필요했던 것은 무엇인지 생각해 보자. 아마도 지금쯤 창고에서 썩고 있을 자동으로 마개따는 기계도 있고, 헤어지지 않을 한 벌의 옷일지도 모른다. 이 물건들을 당신의 돈으로 산 것이라는 것을 알아야 한다. 당신이 그 돈을 벌기 위해 일한 시간으로 산 셈이다. 집에서 쓰지도 않고 묵혀두는 그런 보잘 것 없는 것 때문에 시간을 다 보낸 셈이다. 그리고 시간은 다시 돌려 받을 수가 없다는 것을 알아야 한다. 영원히 지나가 버렸기 때문이다. 애초에 물건을 사는 것부터 시작해서, 그것을 잘 가꾸어 가는 것 모두가 무가치한 물질주의에 우리의 생활을 투자해 버리는 셈이다.

여러분에게 설교하는 투가 되어 버렸지만, 그것은 내 자신의 생활방식을 나 자신도 싫어하는 까닭일 것이다. 나는 나를 억압해 버리는 사물을 지독히 싫어한다. 그렇지만 나는 아무 것도 소유하지 못하는 상태에 대해서 이야기하지 않을 수 없다. 자기가 가진 것이 너무 적어서 우울한 경우를 말이다. 오늘날 얼마나 많은 여성들이 50년 전만 해도 발명되지 않았거나 유행되지 않았던 것을 갖지 못해 시무룩해 있는가? 1800년 대만 해도 충분하다고 여겼던 침실이, 둘 달린 집을 가지고 불평하고 있는 가족들이 얼마나 많은가? 봉급이 오르지 않는다고 해서 상처를 받는 남성들이 얼마나 많이 있는가? 잘 사는 사람을 따라가려고 애쓰다가 몰락해 버린 가정이 얼마나 많은가? 그리고 얼마가지 않아 그 사람들이 다시 앞지르는 것을 보고 놀라게 될 것이다.

한 가지만 더 생각해 보고 나서 여기에 대한 결론을 맺도록 하자. 나는 최근에 영국을 여행하면서 물질주의의 어리석음에 다시 놀랐다. 박물관과 역사관을 돌아보면서 나는 '비어있는 성들'이라는 곳을 보고서 놀랐다. 그 건물을 소유했다고 뽐내고 있는 사람이 세운 커다란 건물에 안개만 자욱할 뿐이었다. 그러면 그런 사람들은 오늘날 어디 있는가? 모두 사라져버렸고 이름조차 잊혀졌다. 그들이 남겨둔 빈 건물만이 건축한 사람의 무상함과 무력함을 나타내주기라도 하는 듯 우뚝 서 있었다. 자기 것이라고 내세울 수도 없이 모두 죽어버린 것이다.

제6장 경제적인 곤란

　예수님이, 곧 죽어서 자기 재산을 내놓아야 될 어리석은 부자에게 말씀하신 대로이다. "그러면 네 예비한 것이 뉘것이 되겠느냐"(누가복음 12 : 20)

　나는 죽은 뒤에 그런 '빈 성'보다는 더 좋은 것을 남겨 놓겠다고 굳게 다짐한다. 38살이 되어서야 나는 내 인생이 얼마나 빨리 지나가고 있는지를 눈으로 보게 된 것이다. 시간이란 내 둔한 손가락 틈을 미끄러져 지나가는 매끄러운 줄과도 같다. 나는 그것을 잡아보려고, 아니면 속도를 늦춰 보기라도 하려고 잡아당기는 헛수고만 할 뿐이다. 지난 20년이 눈 깜짝할 사이에 지나가 버렸듯이, 남은 3,40년도 곧 흘러갈 것이다. 지금이야말로 나나 여러분이 자기의 시간과 수고를 기울일 가치가 있는 것을 평가해 볼 수 있는 시기이다. 그렇게 평가를 해보았을 때, 혹시 내가 그것을 얻게 될 수 있다 하더라도 부(富)를 쌓는 일이 사는 목적 자체가 될 수는 없음을 알게 된다. 언제든 내 인생이 끝나는 순간에 좋은 집이나 혹은 기계나 여러 가지 재산보다도 더욱더 가치 있는 것을 살펴보고자 한다. 명성도 우리에게 아무런 가치가 없다. 내 사랑하는 가족들과 나를 지으신 하나님께 열심히 봉사하지 않았다고 생각되면 아마도 내 인생을 완전히 허비해 버렸다고 여길 것이다. 이것보다 더 귀한 것은 없으며, 내게 있어서 이것보다 가치 있는 일도 없다. 당신은 어떤가?

질문 : 나는 돈을 쓰는 일에 있어서 점성술에 따라서 쓰는 사람들을 본 적이 있다. 사업문제에 있어서까지 별점에 따라서 하고 있다. 점성학에 대해서 이야기를 해주고, 과연 그것은 과학적인 근거가 있는지를 말씀해 달라.

답변 : 최근의 사회발전이 일어나면서 점성학을 신봉하는 풍조만큼 우리의 영적 빈곤을 나타내주고 있는 것은 없다고 본다. 요즈음 들어서 인기 있는 배우나 정치가 그리고 수많은 젊은이들이 이런 어리석은 신앙을 공공연히 시인하는 것을 보면 이상하기만 하다. 전 프랑스 대통령이었던 죠루쥬 뽕피두씨 조차도 의회에서, 자신은 중요한 연설이나 큰 문제를 앞에 놓고 점술가에게 의논한다고 밝혔다.
아돌프 히틀러나 엘리자베스 여왕, 해리 트루먼, 세익스피어, 빙 크로스비, 윌리 메이즈, 호지명, 골다 메이어, 그리고 나까지 모두들 우리가 황소 중에서 태어났다고 생각하면 얼마나 조롱을 받겠는가? 우리의 사업이나 건강, 심지어는 성생활조차도 별의 위치나 우리가 태어난 날의 별자리에 의해서 미리 결정된다고 생각한다면 얼마나 어리석은 일이겠는가? 그렇지만 미국에서 공공연히 직업을 일삼고 있는 점성가가 10,000명 이상이나 있어서 사업문제부터 애견의 문제까지 충고를 해주고 있다는 것이다.
이렇게 비합리적이고 이치에 맞지도 않는 개념에 있어 과학적인 근거는 있을 수가 없다. 실제로 히틀러에게 러시아를 공격하도록 조언을 한 사람은 유명한 점성가였으며, 그것은 그의 최대의 실수였다고 한다. 그럼에도 불구하고 수많은 미신을 믿는 사람들은 별점을 통해서 매일 매일의 교훈을 삼으려고 하고 있다.

얼마 전에 TV의 대담프로에 나가려고 기다리는 동안에 유명한 할리우드의 배우와 인사를 하였다. 내 아내도 나와 같이 인터뷰를 했는데, 그 배우는 아내의 미모를 칭찬했다. 그는 "당신은 인마궁(人馬宮)에서 태어났군요, 예쁜 여성들은 대개 별자리에서 태어나지요." 나는 그의 어리석은 생각에 강한 저항감을 느꼈다. 그가 알고 있는 지식을 모독하지 않으면서(곤란했지만) 나는 그에게 자신의 주장을 뒷받침할 근거가 있느냐고 물었다. 나는 간단한 예를 들어서 그에게 말해 주었다. 그렇다면 내년부터는 별자리를 보고서 미스 아메리카나 미스 유니버스를 뽑으면 되겠다고 말이다. 나는 거기에서부터 점성가와 담판을 내려면 과학적인 근거를 잡아 이야기만 하면 된다는 사실을 깨달았다.

1960년에 세계의 점성가들은 25,000년 사이에 별의 영향이 가장 나쁘게 미치는 해가 1960년이라고 발표했다. 9개 혹성 중에서 7개가 일렬로 놓이게 되는데, 그것은 지구에 있어서는 최악의 상태를 예고해 준다는 것이다.

인도의 한 점성가는 미칠 듯이 놀랐고, 미국의 점성가들은 캘리포니아부터 시작해서 이 지구의 종말이 온다고 예언했다. 그런데 운명의 시각이 되었지만 여느 날처럼 그냥 지나가 버리고 말았다. 그 점성가들은 한 가지 기본적인 사실을 무시한 것이다. 인간의 운명은 혹성에 의해서 좌우되는 것이 아니다. 인간이나 천사나 모두 전능하신 하나님의 지배 아래에 있는 것이다.

점성가들의 예언이 라디오나 TV를 통해 방송될 때, 아나운서들은 제가끔 어떤 진지한 신념을 가지고 점성학을 하는 것이 아니며, 단지 재미로 해보는 것일 따름이라고 해명했다. 그러면 어떤가? 점성학이란 것이 재미로 소일하기 위한 것인가? 별들이 매일의 진로와 방향을 결정해 주길 바라고 있는 수많은 미국인들은 어떤가? 아무 것도 안 믿는 것보다는 이런 것이라도 믿는 것이 좋아서 그럴까? 점성술에 대해 우리는 눈감아 주어야 할까? 아니면 어디에서나 그것은 무지한 생각이라고 일축해 버려야 되겠는가?

유명한 정신과 의사가 얼마 전에 이런 말을 했다. 자기는 그런 예언이 전혀 근거가 없는 것인 줄 알면서도 자기 환자들에게 점성술을 믿어 보라고 권했다고 한다. 나는 전적으로 거기에 반대한다. 점성술은 미신적인 생각이며 그것을 믿는 것은 굉장히 위험한 것이다. 가장 중요한 것은 그것이 이성적인 판단력이나 지혜를 막아버리기 때문이다. 그 예로 젊은 남녀가 일생을 좌우하는 큰 문제에 대해 자기 힘으로 결정하지 않고서, 자기 출생 별자리만 가지고 결혼 상대자를 정한다고 해보자. 별자리가 다 알아서 해주기 때문에 다른 필요한 것은 해보려고 하지 않을 것이다. 얼마나 많은 일들에 있어서 별에 기반을 두고서 결정하는지는 알 길이 없지만, 분명히 가족 전체에, 사업에, 혹은 국가정책에도 큰 영향을 끼치고 있다는 사실만은 분명하다. 사람의 운명을 동전을 던져서 결정한다는 것은 얼마나 위험한 일인가? 순진한 신봉자들은 자신의 기본 인식이나 상식과 경험에 의해서 판단하기보다는 일기예보처럼 무엇이든 맞추어 주는 잡지에 매달리고 있다. 그런 사람을 보면 나는 10층 빌딩의 꼭대기에 서서 바람에 맞서 버티고 있는 사람을 연상하게 된다. 건물의 난간위로 불안정하게 흔들리면서 그의 몸은 외관상 보호받고 있는 느낌일 것이다. 그러나 곧 돌풍이 불어와서 소리지를 틈도 없이, 그는 밑으로 떨어지고 말 것이다. 이처럼 점성학은 자신을 제자리에 올바르게 유지시켜 주지도 못하는 미신으로 전락해 버린 것이다. 얼마 안가서 환경이 바뀌어서 두려움이 엄습해오면(누구에게나 마찬가지로) 사람들은 무엇인가 좀 든든하고 안전한 것이라도 잡고 싶어지게 된다. 그렇지만 그때까지 의지해 왔던 미신이나 신화 속에서는 아무런 도움을 받을 수가 없다는 것을 깨닫게 될 것이다. 이런 경험을 해본 사람들과 개인적으로나 직업상으로 많이 접촉해온 나를 믿어주기 바란다. 어떤 것이 이치에 맞겠는가?

이제는 더 중요한 문제를 이야기해 볼까 한다. 왜 고등교육을 받고 지성을 갖춘 사람들이, 그렇게도 근거도 없는 것을 신봉하려고 하는가 말이다. 여기에는 세 가지 이유가 있다고 본다.

1. 요즈음에 들어서, 전에 하나님을 믿던 많은 사람들이 정신적으로 커다란 공허감을 느끼고 있다. 이제 하나님은 죽었기 때문에, 자기 생활의 참다운 의미를 부여해 줄 수 있는 그 대역이 절실하게 요구되는 것이다.

누군가의 말대로 "미신이란 죽어버린 신앙으로부터 탈피해 나오는 벌레와도 같다."고 할 수 있다. 다른 말로 하면 인간이란 존재는 무엇인가 믿고 따를 것을 필요로 하며, 하나님에 대한 신앙이 사라진 상태에서 그 신앙은 미신이라는 어처구니없는 것으로 향해진 것이다.

2. 점성술이란 그것을 신봉하는 사람들에게 아무런 의미도 부과하지 않는다. 교회에 갈 필요도 없으며 헌금도 필요 없고, 복종하며 찬송가를 부를 필요도 없다. 도덕적으로, 또는 정직하게 되거나 자신을 희생하지 않아도 된다. 분명히 그 신봉자들은 십자가를 지거나 그런 이유로 죽을 필요가 없다.

누구든지 매일 신문에 나고 있는 자칭, 도사들의 말을 읽고 따르면 되는 것이다.(아니면 특별히 관심이 있는 경우에 3.75달러만 내면 IBM컴퓨터에서 자동으로 나온다.)

3. 이런 점성학에 대한 관심의 뒤에 작용하는 진정한 힘을 과소평가해서는 안 된다. 그것은 마귀의 도구이다. 그들이 사건을 정확히 예견할 때마다 그것은 바로 하나님의 권위에 대한 마귀의 능력이기 때문이다.

이것은 단순히 중요하지 않은 문제에 대해서 내 자신만의 의견은 아니다. 바로 하나님 자신이 주신 말씀에 거듭 나타나 있는 것을 알 수가 있다. 다음에 인용하는 두 개의 성경구절은 이런 점성가나, 마법을 행하는 일에 대한 그분의 명령을 잘 나타내주고 있다.

"이스라엘 집이여 여호와께서 너희에게 이르시는 말씀을 들을지어다. 여호와께서 이같이 말씀하시되 열방의 길을 배우지 말라. 열방인은 하늘의 징조를 두려워하거니와 너희는 그것을 두려워 말라, 열방의 규례는 헛된 것이라 그 위하는 것은 삼림에서 벤 나무요 공장의 손이 도끼로 만든 것이라"(예레미야 10 : 1-3)

"이제 너는 젊어서부터 힘쓰던 진언과 많은 사술을 가지고 서서 실험하여 보라. 혹시 유익을 얻을 수 있을지, 혹시 원수를 이길 수 있을지는 네가 많은 모략을 인하여 피곤케 되었도다. 하늘을 살피는 자와 별을 보는 자와 월삭에 예고하는 자들로 일어나 네게 임할 그 일에서 너를 구원케 하여 보라. 보라 그들은 초개같아서 불에 타리니 그 불꽃의 세력에서 스스로 구원치 못할 것이라. 이 불은 더웁게 할 숯불이 아니요, 그 앞에 앉을만한 불도 아니니라. 너의 근로하던 것들이 네게 이같이 되리니 너 어려서부터 너와 함께 무역하던 자들이 각기 소향대로 유리하고 너를 구원할 자 없으리라"(이사야 47 : 12-15).

제7장
결혼생활에 있어서의 성에 관한 문제

　우리가 조사한 설문에서는 6번째와 7번째 항목은 똑같은 정도의 심각한 것으로 나타났다. 이 두 가지는 이모저모로 서로 연관이 깊은 것이다. 그것은 '결혼생활에 있어서 성의 문제'와 '월경과 기타 생리적인 문제'이다. 그렇지만 좀더 간편하게 하기 위해서 여기에서는 성 문제만 다루고, 다음 장은 월경 불순에 대해서 쓰려고 한다.
　75명의 여성들 사이에서 성 문제에 관련된 우울증은 비교적 적은 것으로 나타났지만, 그 중요성을 능히 짐작케 해주는 요소가 여러 개 보여진다. 반 이상이 이 문제를 5위 안에 놓고 있다. 그리고 결혼생활 상담을 담당해 본 사람들도 이런 부부 관계에서 초래하는 긴장과 공포를 많이 보아왔다고 한다. 이 항목이 덜 중요한 것으로 나타나게 된 이유는 이 설문이 순위를 고르는 형식으로 된 때문일 것이다. 첫번째 가는 항목과 거의 차이가 없는 것도, 마지막 가는 항목으로 꼽을 수밖에 없게 된다. 두 가지의 사실의 상대적인 차이보다는, 상대적인 순위 밖에는 지어볼 수가 없는 것이다. 이 설명이 이해가 안 된다면 잊어도 좋다. 생각해야 될 문제가 너무도 많으니까.

이 책의 주제 안에서, 우리는 자기 남편이 알아 주었으면 하고 바라는 아내의 소망 중에서 성에 관한 일면을 이야기하게 된다. 이 한권 전부를 이 문제에 대해서만 쓰고 싶지만 할 수 없다. 대신 언젠가는 그렇게 될 것이다. 이제부터 나는 여성에게 가장 큰 문젯거리로 되어 있는 두 가지에 대해 집중적으로 이야기해 볼까 한다.

1. 남성과 여성의 근본적인 차이

지난 몇 년간 사람들은 남성과 여성이 임신이라는 것 외에는 똑같다는 것을 증명하려고 애써 왔다. 여권 운동가들은 성별이란 것은 환경과 문화적인 영향 때문에 생겨난 것이라고 열렬히 주장해 왔다. 그것은 전혀 당치도 않은 거짓이다. 남자와 여자는 생화학적으로나 해부학적으로, 정서적으로 전혀 다르다. 실제로 인체의 모든 세포는 동일하지만 염색체의 형태가 전혀 다르다. 또한 중뇌의 뇌하수체 바로 위에 있는 시상하부가, 성별에 따라 그 구조가 전혀 다르다는 것도 그 증거중의 하나이다. 그래서 시상하부(감정을 지배하는 곳으로 알려진)에서 나오는 심리적인 구조가 여자, 남자에 있어 각각 다른 것이다. 더 나가서 여성의 성적인 욕구는 주기적인데 그것은 월경의 주기와 깊은 관련이 있다. 이런 이유로 해서 성욕에 대한 표현도 남녀에 있어 큰 차이가 나타나게 되는 것이다. 이러한 특징을 알지 못하면 결혼생활에 있어서 결과적으로 나타나는 차이는 알아 두어야 한다.

첫째로 남자들은 시각적인 자극에 예민하다. 여성의 나체나 반쯤 벗은 모습에 시선을 주게 된다.[필리스 딜러는 자기가 피이크-어-부우라는 드레스를 가졌다고 말했다. 남자들은 그녀를 피이크(훔쳐보다)하고서는 부우(야아-)하게 된다는 것이다.].

이와 반대로 여성은 남성보다 시각적인 자극에 넘어가지는 않는다. 물론 매력적인 남성의 육체에 흥미를 갖지만, 남자와는 달리 생리적인 흥분은 시각에 의해 유발되지 않는다. 여성들은 대개 촉각에 예민하게 자극을 받는다. 여기서 우리는 잠자리에서 불화의 첫번째 요인을 알게 된다. 남편은 밝은 방안에서 옷을 벗고 있는 아내의 모습을 보고 싶어하는데, 아내는 어둠 속에서 애무해 주길 바라니까 그런 일이 생기는 것이다.

둘째는 (이것이 더 중요한 것이다.) 남성들이 그런 황홀한 육체를 갖고 있는 상대방에 대해 잘 분간해내지 못한다는 것이다. 거리를 걷고 있는 남성은 성격이나 지식정도에 대해 아무 것도 모르는 처음 보는 여자라 하더라도 자기 옆으로 몸을 흔들며 지나가기만 해도 자극 받게 된다. 여성의 육체 자체에 매력을 느낀다는 말이다. 마찬가지로 잘 모르는 누드-모델의 사진을 볼 때에도 자기가 사랑하는 여인을 대하듯 똑같이 흥분을 느끼게 된다. 본질적으로 남성에 있어서 성욕은 매력적인 여성의 육체에 의해서 유발되도록 되어 있다.

그러므로 여성들이 남자들이 자기네를 성의 도구로 이용해 버린다고 불평하는 것도 전혀 억지는 아닌 것이다. 이런 이유로 해서 많은 여성들이 몸을 파는 것이며, 남성을 강간하는 여자는 거의 없는 것이다. 그래서 수많은 노인들이 스트립 쇼에 나오는 댄서들이 옷을 벗는 것을 즐겨 구경하는 것이다. 이러한 사실은 남성의 자존심이라는 것이, 한 여자의 낭만적인 사랑의 대상으로서가 아니라, 한 여성을 정복하고 싶은 욕망에서 생겨난다는 것에서 잘 나타나고 있다. 이것은 남성의 성에 대해 듣기 좋게 말해 주기 위해서 말하는 것이 아니다. 전문서적에도 이런 사실은 잘 나타나 있다. 이 모든 요소는 성욕에 있어 여성과 남성 사이에 근본적인 차이가 있기 때문에 나타난다.

성적인 관심을 갖는데 있어서도 여성은 더욱 분별력이 있다. 잘 생긴 남성을 보았거나, 남자 모델의 사진을 본다고 해서 흥분되는 일은 남자보다 적다. 오히려 여성의 욕망은 자기가 매우 존경하고 우러러 볼 수 있는 특정인에게 집중되게 된다. 자기가 사랑하는 사람의 주위에서 풍기는 달콤한 기운에 의해서 자극 받는 경우가 많다. 감정적으로나 신체적으로 자기에게 크게 부각되어 오는 남성에게 굴복하게 된다. 물론 이런 특징적인 욕망에 있어서 예외는 있지만 이것은 사실이다. 남성에게 있어서 성은 좀더 육체적인 의미를 갖지만, 여성에게는 감상적인 경험인 것이다.

그래서 어떻다는 것일까? 열렬히 사랑하는 부부관계에 있어서 이런 성별에 따른 차이가 무슨 영향을 미친다는 말인가? 단지 이렇다. 특정한 시기에 여성이 자기 남편에게 밀착된 기분을 느끼지 못한다면 그리고 남편이 자신을 한 인간으로서 존중하지 않고 있다고 생각한다면 그녀는 남편과의 성생활에서 만족할 수가 없다는 것이다.

남편은 저조한 기분으로 퇴근을 해서 저녁 내내 책상이나 창고에서 일을 하고, 말없이 11시 뉴스까지 보았다고 하더라도 침대에 들어가 간단하게 일을 끝마쳐 버릴 수가 있다. 아내와 아무런 정다운 대화도 나누지 않고 저녁을 보냈다고 하더라도 그의 성욕을 꺾어 놓지는 못한다. 아내가 꼭 끼는 잠옷을 입고 침대에 들어가는 것만 보아도 남편은 자극을 받지만, 아내는 쉽사리 동요하지 않는다. 하루종일 남편을 기다려 왔는데, 집에 와서는 아내에게 인사도 없이 들어가 버리면 아내는 실망해서 소외감만 느끼게 된다. 계속 냉담한 채 그녀의 바람에 대해서는 자기중심적으로 무관심할 따름이다. 그렇게 되면 밤이 깊어져도 남편에게 반응을 나타내기 힘들어진다. 조금만 더 생각해 보자. 낭만적인 친밀감 없이 부부관계를 맺을 때에는 자신이 매춘부처럼 느껴지게 된다. 연인끼리 나누는 황홀한 순간이 아니라 자신이 이용당하고 있는 느낌이 들 것이다. 어떻게 보면 그녀의 남편이 자기 만족을 위해 그녀의 몸을 이용하고 있는 것이기도 하다. 그렇게 되면 아내는 남편의 요구를 거절하거나, 그냥 응낙하게 되던가, 아니면 마지못해 응낙하면서 원망을 할 것이다. 이런 느낌을 설명해 주지 못하기 때문에, 여성에게 혼란이 생겨나게 된다고 나는 생각하고 있다.

미국의 모든 가정에 단 한 가지의 말을 전할 수 있다면, 나는 여성에게 있어 어느 측면에서나 낭만적인 사랑이 얼마나 중요한 점인지 말하고 싶다. 이것은 여성에게 자존심과 생활의 기쁨을 주며 성적으로 예민하게 되는 기반이 될 것이다. 지리하고 싫증만 나는 결혼생활을 하고 있는 남성들(자신이 침대 속에 갇혀 있다고만 느끼는 사람들)은 문제가 어디에 있는지를 알고 있어야만 한다. 참된 사랑은 빙산도 녹일 수가 있다.

2. 욕구의 다양성

성욕을 표현하는 방법에 있어서도 남성과 여성은 큰 차이가 있다. 최근에 조사된 바에 의하면, 여성에 있어서의 오르가즘과 남성의 사정시간에 나타나는 흥분과 즐거움도 똑같은 정도라고 한다. 단지 절정에 이르는 방법이 좀 다를 뿐이다. 남성들은 대개 여성보다 빨리 흥분한다. 상대방의 저녁식사에 대한 생각, 혹은 꼬마에게 내일 입혀 줄 옷에 대해 생각해 보기도 전에, 남성은 마지막 거점에 이르게 된다. 이러한 여성의 특징을 알아서 아내와 보조를 맞춰주는 남성은 현명하다. 그러나 제멋대로 하는 식으로 자기 위주로 진행하는 남성 때문에 수많은 여성들이 절망 속에서 끝나게 된다. 그리고 극치에 이르고 나면 남자는 잠에 떨어지고, 여성은 천장을 바라보며 멀거니 깨어있게 된다. 여기에는 전율을 느낄만한 것이라곤 있을 수가 없다.

남성들은 여성들보다 더 규칙적으로 성을 발산시키고 싶은 욕망이 일어난다. 어떤 젊은 부인이 내게 들려준 이야기가 있다. 그녀 부부는 하베이와 후렌이라는 부부와 함께 수상스키를 타러 갔는데 하베이는 수상스키를 타 본 일이 없기 때문에, 남편은 무척 애를 먹었다. 아무리 서보려고 해도 물장구만 튀기곤 하였다. 3일 동안 그들은 하베이에게 수상스키를 가르치려고 애썼지만, 그는 물위에서 걷는 것보다는 배위에서 잠수하여 지내는 시간이 더 많았다. 그의 상기된 얼굴에 지친 표정이 나타나면서 그의 다리는 자꾸만 아래로 빠져들어 갔다. 후렌은 배 뒷전에 타고서 지쳐있는 자기 남편이 물거품을 뱉으며 발버둥치는 것을 보고 있었다. 그러더니 그녀는 동행한 부부에게 돌아와서 고개를 흔들며 이렇게 말했다고 한다. "저러

고도 저이는 오늘밤 집에 가면 또 내게 요구할 거예요."

자기 남편이 얼마나 정규적으로 성행위를 요구하는지에 대해 많은 여성들은 경악을 금치 못한다. 이런 경우에 남편들이 자기 아내가 알아 주었으면 하고 바라는 문제가 있게 되는 것이다. 성충동이 저지 당하면 남성들은 발산시키고픈 생리적인 압박감이 쌓이게 된다. 두 개의 정낭(정액을 담고 있는 조그만 주머니)은 점점 가득 차서 최대치에 이르면, 호르몬이 분비되어 남성으로 하여금 온갖 자극에 예민해지도록 만든다. 만족되었을 때에는 특정된 여성에 대한 관심이 적다가도 이런 상태에 이르면, 그 여성이 옆에 있기만 해도 흥분하게 된다. 여성으로서 이렇게 남편의 성욕이 누적되어 간다는 것에 대해서 납득이 가지 않는다. 왜냐하면 자신은 그렇게 강렬한 욕구를 덜 느끼기 때문이다. 여성은 남성이 신체 내의 이런 생화학적인 힘에 의해 욕구가 촉진된다는 사실을 알아야 하며, 남편을 사랑한다면 아내는 되도록 충분히, 규칙적으로 남편을 만족시켜 주려고 애쓰게 될 것이다. 여성에게는 성욕을 충족시켜 주려는 욕구가 없다고 말하는 것은 아니다. 단지 남성에게 있어서 금욕생활이란 것은 더욱 견디기 힘든 일이라는 것을 설명하고 싶을 뿐이다.

성욕에 있어서의 차이점으로 다시 돌아와 생각해 보면, 남성과 여성에만 차이가 나는 것이 아니라, 똑같은 여성끼리도 큰 차이가 난다. 인간의 본성은 복잡해서 성욕도 갖가지로 다르다. 특히 여성의 경우에는 더욱 그렇다. 그래프로 그려볼 때, 여성의 성욕(그리고 다른 성격에 있어서도)은 아마도 '정상분포'인 것 같다. 밑의 그래프를 보라

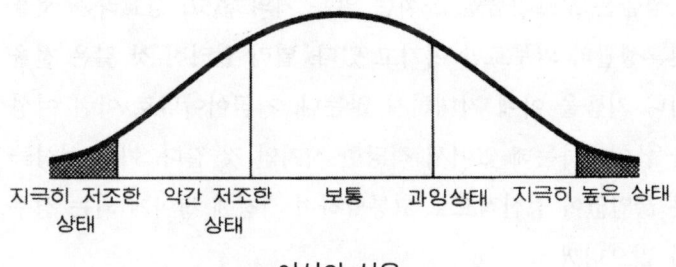

지극히 저조한 상태　　약간 저조한 상태　　보통　　과잉상태　　지극히 높은 상태

여성의 성욕

대부분의 여성들은 그림의 중앙부에 속하는데, 그것은 보통 정도의 성적인 관심을 갖고 있음을 나타내주는 부위이다. 왼쪽 끝의 줄친 부분은 여자 성인의 2퍼센트를 차지하는 그룹의 여성으로서 그런 욕망이 제일 적은 사람들을 나타낸다. 이런 여성들을 흔히 불감증이고, 냉정하여 반응이 없는 여성이라고 한다. 오른쪽 끝의 줄친 부분은 이 분포에 있어서 최대의 욕망을 갖고 있는 2퍼센트의 여성을 말한다. 이 그룹의 여성들은 극단적으로 민감한 여성들로 과잉된 욕망을 가진 '색광'이라고 불려온다. 양극단 사이에 있는 사람들은 성적인 민감도에 있어서 보통 정도인 여성으로 96퍼센트를 차지하고 있다.

　여기서는 왼쪽의 반을 차지하고 있는 여성들이 겪는 좌절감

에 대해 이야기하려고 이 그래프를 그린 것이다. 약간 저조한 상태에 속하는 여성들은 우리 사회에 있는 전 여성의 20내지 25퍼센트에 달한다고 추산되고 있다. 이것은 바로 성에 대해 외면상으로 부정적이고 미온한 태도를 취하는 사람이다. 그런 여성들은 오르가즘을 느끼는 일은 거의 없고, 성교라는 것을 결혼생활의 의무로만 여기고 있다. 널리 알려진 것 같은 전율이나 기쁨을 아예 기대하지 않는다. 지금이야말로 이런 여성들을 이해하는데 있어서 적당한 시기인 것 같다. 이런 여성들은 끊임없이 정신적으로 고통당하며 걱정에 쌓이게 되는 경우가 많으니까.

첫째로, 왜 이런 여성들은 다른 여성에 비해 덜 민감할까?

성교에 대한 성인의 인식은 어린 시절과 청소년기의 주위 환경과 밀접한 관계가 있다. 다른 면으로는 정상적인 사람들 중에서도 결혼해서 갖는 성생활을 더럽고 동물적인, 어떻게 보면 악한 것으로까지 여기는 사람들이 많은 것을 볼 때 놀랍기만 하다. 자라날 때 성에 있어 일방적이고 부정적인 면만을 보아온 사람은, 어른이 되어서도 결혼생활에서 성을 발산시키는데 장애를 받게 된다. 결혼이란 것이 어떤 사람의 태도로 '해서는 안되는 것'으로부터 '규칙적으로 정열적으로 하는 것'으로 바꾸어 놓을 수 없는 것이다. 정신 구조의 변화는 쉽사리 이루어지는 것이 아니다.

　그러나 내가 강조하고 싶은 것은 다른 것이다. 성욕의 강도에 차이가 있는 것이 비단 어린 시절에 잘못 교육받았다는 한 가지 이유만으로 된 것이 아니다. 실제로 인간들은 모든 점에서 다를 수가 있다. 발만 하더라도 크기가 다르고 이의 모양도 다르다. 어떤 사람은 남보다 더 많이 먹고, 어떤 이는 남보다 키가 크다. 우리는 외모가 똑같지 않다. 이처럼 우리의 성욕도 다르다. 지능도 유전에 의해서 전혀 다르게 형성되어 있다. 어떤 사람들은 성행위를 하고 나서도 더욱 성욕을 느끼게 되지만, 다른 사람들은 더욱 무심히 지나쳐 버린다.

　내가 강조하고 싶은 것은 우리 스스로가 신체적으로나 정서적으로 성행위를 긍정적으로 받아들여야 한다는 것이다. 이 말은 성생활을 풍부히 하라는 말이 아니라, 불가능한 것을 이루려고, 즉 불이 붙은 원자폭탄을 꺼버리려고 애쓸 필요가 없다는 것이다. 남편과 아내가 서로에게 만족한다면 코스모폴리탄이란 잡지에서 무력증에 대해 아무리 떠든다고 하더라도 문제 삼을 것이 없는 것이다. 성이란 것은 통계에 의해서 괴물로 둔갑하고 있다. "보통 부부들은 한 주에 세 번씩 성행위를 한다고? 아니야 우리는 무엇이 잘못됐나 봐. 우리는 보통만큼도 안 됐나 보지?" 남편은 자신의 성기가 평균치에 도달하지 못할까봐 걱정이고, 여성은 가슴이 작다고 근심한다. 우리는 우리를 기습하고 있는 '성 해방'의 새로운 풍조에 억눌리고 있는 셈이다.

 여기에서 한 가지의 부탁을 하겠다. 성이란 것은 원래의 위치대로 두라. 중요한 것이긴 하지만 우리에게 만족을 주면 될 뿐 그밖에는 아무 상관이 없는 법이니까.

불감증의 여성은 어떻게 느끼는가?

 그런 여성 자신은 사회 전체에 뜨겁게 타오르고 있는 성이란 불길을 느끼고는 있다. 할머니 때에만 해도 자신의 저조상태를 말하기를 금하면서 감춰 올 수가 있었지만, 현대 여성들은 늘 자신의 무력감을 인식하게 된다. 라디오나 TV, 서적, 잡지, 그리고 영화를 통해서 그녀는 온 세상 사람들이 매일 밤마다 성의 환희를 맛보고 있다는 것을 염두해 두게 된다. 좀처럼 흥분하지 못하는 여성들은 바람이 몰아치는 한길가에 서 있으면서, 다른 미국인들이 정열이라는 공원에서 성욕이라는 오솔길을 따라 걷고 있는 것을 구경만 하고 있는 셈이다. 이렇게 균등하지 못한 상황에서는 정신적으로 압박감을 느끼게 된다. 전세계가 이런 감각에 도취되어 있는데 혼자만 아무런 흥분도 없이 지낸다는 것은 정말 깜짝 놀랄 수밖에 없는 일이다. 두 사람 모두 만족을 얻지 못하는 차가운 침실에서 자꾸만 불발되는 성행위는 반복되기 마련이다. 불꽃놀이나 '별과 별빛이

여 영원 하라'는 식의 흥분도 없이 이루어지는 오르가즘은 실패라는 공포감 속에서 육체와 정신을 좀먹어 갈 뿐이다. 매번 실망을 느낄 때마다 긴장이 풀어지거나 다음 번을 기대하는 마음을 억제하게 된다. 거기서 이중으로 압력을 받게 된다. 처음에 가졌던 최소한의 욕망조차 이런 근심에 의해 없어지게 된다는, 연쇄반응을 생각해 보는 것도 아예 기대조차 갖지 않게 되면, 불감증에 빠진 사람은 큰 정신적인 변화를 겪게 된다. 성행위를 하면서 만족을 얻지 못하는 여성은, 자신이 아내로서 낙제를 선고받는 기분이 든다. 그녀는 직장에서 연애를 하는 자기남편을 끝내 잡아두지 못할까봐 두려워하게 된다. 둔감해진 사실에 대해 스스로 죄책감을 느끼고, 자존심도 아울러 붕괴되어 버린다.

그러면 그런 문제를 해결하기 위해서 어떻게 해야할까?

성적인 난관 때문에 생기는 가장 큰 압박감은 그 치료 방법이 질환 자체보다 나쁠 수 있다. 자신의 무력감을 우리가 알지도 못하고 믿을 수도 없는 사람에게 털어 놓기를 즐기는 사람은 거의 없다. 그러면 그렇게 미묘한 문제를 가지고 누구에게 상담을 하고 조언을 구하겠는가? 집안의 주치의나 담당부인과 의사에게 상의할 수도 있지만, 성문제에 대한 처치법에 있어서는 문제를 해결할 수 있을 만큼 능하지 못할 것이다. 또 제대로 치료를 해줄 수 있을 만큼 의사 자신이 시간이 넉넉한 사람도 아니기 때문에, 정신과로 보내려고 할 것이다. 그것은 참으로 소심한 생각이 아닐 수 없다. 그런 방법을 쓸 수 없는 형편이라면 다른 방법을 생각해 보기로 하자. 누구든지 옆집 사는 사람에게 성문제에 대한 치료를 부탁할 수는 없는 일이다. 실제로 미국의 성 전문 병원에서는 사기꾼, 협잡꾼, 돌팔이 의사가 활개를 치고 있다. 세계적으로 유명한 성요법 전문가의 말에 의하면, 미국의 성 전문 요법소 중에서 정식인가를 받은 것은 1퍼센트도 안 된다고 한다. 이렇게 되면 그런 여성들이 찾아갈 곳은 전혀 없게 된다. 완전히 차단당한 셈이다. 그녀의 문제는 해결할 수가 없게 된다. 그 상태 그대로, 아무런 소망도 없으며, 아무도 이해해 주려고 하지 않는다. 마침내는 그런 갈등에서 생겨나는 정신적인 압박이, 몸의 어느 부위에든 장애를 가져다주게 될 것이다.

성적인 무력감이 가져다주는 신체적인 장애에 대해서 산부인과 의사이며 남켈리포니아 대학의 의과와 로마 린다 대학의 의과를 졸업하신 데이비드 허난데즈 박사와 이야기를 나눈 적이 있다. 미국에 성의 혁명을 부르짖은 이후로 그분은 그런 질환과 질병이 급격히 증가하는 것을 보게 되었다고 한다. 자기에게 오는 환자들을 보면 부부생활에 대한 그런 압력과 오르가즘을 느끼지 못하는 것에 대한 근심 때문에, 신체적으로도 건강에 크게 영향을 받게 된다는 것이 그분의 생각이다. 소화기(위장)질환, 편두통, 고혈압, 대장염, 피로감 등의 정신적인 스트레스와 관련이 있는 그런 질환들을 통해서, 정서적으로 그런 압력을 받고 있다는 것을 알게 된다는 것이다. 그리고 이런 건강에 관한 문제들은 성적인 부족감을 극복하려고 애쓰는 사람들에게 더 많다는 것이 허난데즈 박사의 의견이며, 나도 거기에 동의하고 있다.

수많은 남녀가 성행위를 하나님의 의도하신 바와 전혀 다른 의미로써 생각하고 있다는 사실을 허난데즈 박사는 덧붙이고 있다. 이런 불합리한 동기를 몇 개 써보면 다음과 같다.

1. 성이란 것은 결혼생활에 있어서의 의무이다.
2. 상대방의 호의에 대한 보답이다.
3. 정복한다거나 승리한다는 것을 상징한다.
4. 대화를 통한 의사소통과 똑같은 것이다.
5. 열등감을 극복하게 해준다(특히 자신이 남성이라는 것을 입증해 보이려고 하는 사람에 있어서).
6. 정열적인 사랑을 하기 위한 유혹이다(특히 자기의 몸으로 남성의 주의를 끌어보려는 여성에 있어서)
7. 근심과 긴장을 막기 위한 수단이다.
8. 상대방을 잘 다룰 수 있게 해준다.
9. 다른 사람에게 자랑하기 위해서 하는 것이다.

이렇게 사랑에 기반을 두지 않은 성행위는 그 참된 의미를 잃게 되며, 공허감과 절망만을 안겨주는 사회 관습적인 게임으로 전락해 버리게 된다. 결혼생활에 있어서 성교라는 것은 기쁨을 주어야 하는 것이지만, 또한 영적으로 깊은 교류를 나누는 방법이기도 한 것이다. 여성들은 특히 이 필요성을 절실히 느끼고 있다.

어떻게 하면 남편이 도와줄 수가 있을까?

남성은 자기 자신뿐만이 아니라, 아내에게도 무한한 기쁨을 제공해 줄 수 있는 존재이다. 아내의 성욕이 아무리 미약한 정도라 하더라도 말이다. 이것을 믿든지 안 믿든지 간에 남편이 그 진의를 잘 알고만 있다면, 어떤 부부라도 풍성하고 만족스러운 성생활을 즐길 수가 있다. 다음에 적은 것은 성욕이 저하된 경우에 여성의 감각을 유도해 낼 수 있는 주된 방법이다.

1. 첫째로 그런 경우에는 성교에 들어가기 전에 해주는 낭만적인 분위기를 두배 세배로 강렬하게 만들어 주어야 한다. 남편이 너무 바빠서 다정하게 못한다면, 그런 사람은 자기 아내가 뜻하지 않게 강렬한 욕구나 기쁨을 느껴 주리라고 기대해서는 안 된다. 아내는 사랑의 행위로써 남편의 욕구를 채워 줄는지 모르지만, 결코 정열적으로 될 수는 없을 것이다. 정규분

포 곡선에서 '약간 저하된 상태'에 속하는 여성들에게 있어서는 사랑 받고, 자기를 이해하여 주는 기분만이 흥분을 유도해 낼 수 있는 방법이 된다. 이 사실은 우리가 조사한 설문에서 '성생활 문제'와 '결혼생활에 결핍되어 있는 낭만적인 사랑'과의 상호관계를 확실하게 설명할 수 있다. 거의 예외 없이 한 가지가 첫번째로 지목되었다면, 나머지 한 가지도 그와 비슷한 순위로 지목될 것이다.

2. 두번째로 어떤 여성들에게 있어서는 성행위 자체를 즐기는데 있어서 꼭 오르가즘을 경험할 필요를 느끼지 않는 경우가 있다는 것을 남편들은 알아야 한다. 많은 여성들이 완전히 관계에 빠져들어 가서 절정에 도달하지 않고서도 만족감을 얻을 수가 있다.(그렇지만 더 감각적인 여성은 그런 긴장과 혈액의 충혈이 일어나지 않으면 절망하게 된다.) 가장 중요한 것은 남편이 아내에게 오르가즘을 느끼도록 요구해서는 안 된다는 것이며, 두 사람이 동시에 그것을 느껴야 한다고 고집해서는 안 되는 것이다. 이렇게 하는 것은 불가능한 것을 요구하는 셈이 되어, 자기 아내를 ,한없는 갈등에 빠뜨리게 될 것이다. 남편이 자기의 즐거움을 위해, 아내가 오르가즘을 느껴야 한다고 주장한다면, 그 아내는 다음의 세 가지 상태로밖에 될 수가 없을 것이다. (1) 다른 일에서도 실패를 거듭하게 되는 것처럼, 성에 대한 흥미를 완전히 상실해 버릴 것이다. (2) 시도해 보다

가 안되면 울음을 터뜨리게 될 것이다. (3) 남편에게 거짓말을 시킬 수가 있다. 여성이 침실에서 한 번 자신을 속이기 시작하면, 그 다음부터는 걷잡을 수 없이 되어 버린다. 그 후로부터는 그녀는 자기가 즐거운 여행을 오랫동안 누리고 있는 것처럼, 남편이 믿도록 만들겠지만 실상, 그녀는 한 발자국도 움직이지 못한 채, 제자리에만 묶여있는 상태이다.

3. 긴장감 속에서 계속되는 침묵을 없애 버린다면 남편은 성생활을 잘 이끌어 갈 수 있게 될 것이다. 성행위를 하는 것이 아무런 기쁨도 주지 못하고 조바심이 쌓여 가기만 한다면, 평상시에 거기에 대한 이야기는 입밖에도 내지 않게 된다. 그 문제에 대한 해결책을 두 사람이 다 찾지 못한다면, 두 사람은 은연중에 그것을 무시해 버리기로 동의하고 있는 셈이다. 성행위를 하는 동안에도 서로 이야기를 나누지 않는다. 이렇게 좀처럼 흥분을 느끼지 못하는 부부들도 이토록 중요한 문제 때문에 생겨나는 자신의 느낌이나 절망을 겉으로 나타내지 않은 채 몇 년간이나 매주 여러 번씩 성교를 할 수가 있다. 이렇게 되면 뜨거운 숯불에 병을 넣고서 그것이 폭발해 버릴 때까지 흔들어 대는 것과 같은 효과를 가져 올 것이다. 이런 심리를 생각해 보라. 말로 표현할 수 없는 근심스러운 생각이나 상태는 마음 속 깊은 곳에 중압감과 스트레스를 만들어 낸다는 것을 말이다. 도저히 말로 할 수 없는 문제일수록 그 압박감은

더욱 커지는 것이다.

　더 나아가서는 성에 대한 대화가 끊겨지게 되면, 행위 자체도 '수행해야 하는 것'같은 분위기 가운데서 하게 된다. 두 사람 모두가 상대방에게 자신을 평가하는 기분으로 말이다. 의사소통에 나타나는 이런 장벽을 없애려면 남편은 아내를 위해서 안전 밸브를 풀도록 해야만 한다. 그것은 아내로 하여금 그녀 자신의 느낌이나 공포, 혹은 열망을 스스로 나타내도록 만드는 것이다. 서로를 흥분시키는 그리고 흥분을 막아버리는 그런 태도에 대해 이야기해야만 한다. 완전히 성장한 어른답게 조용히 확신을 가지고 문제들을 해결해야만 한다. 이렇게 자신을 누그러뜨리는 대화를 하면 신기한 일이 생겨나게 된다. 말로 해버리면 긴장과 조바심이 훨씬 감소하는 것이다. 온 세계의 남성들에게 내가 해줄 수 있는 말은 이것 뿐이다. "시도해 보라"

　4. 정열적이 못되는 아내의 감각을 더 예민하게 해 줄 수 있는 네번째 방법은, 성행위를 하는데 필요한 기교와 자세에 관심을 쏟는 일이다. 여성들은 남성에 비해 산만해지기가 쉽다. 주위 환경이나 소리, 냄새 등에 대해 영향을 많이 받는다. 꼬마가 칭얼대는 소리가 여성을 방해하는 일이 많으며, 주위 환경이나 남편의 태도에 따라 좌우되는 경향이 있다. 여러 사람들과 상담을 해본 끝에 얻은 바로는, 여성들을 방해하는 큰 요

소중의 한 가지가 남성의 불결이라는 것이다. 주유소 같은 데서 일하는 사람이나 노동을 하는 사람들은, 그 하룻동안에 보고 읽은 것에서 흥분이 일어나서 집에 오자마자 아내에게 요구하게 된다. 하루 종일 일했기 때문에 땀과 기름에 절어 있기가 쉽고, 몸에서는 냄새가 나며 입안에도 무엇을 뿌려야 될 형편이다. 손톱만 더러운 것이 아니라, 못이 박힌 손바닥 등은 아내의 섬세한 피부를 자극하게 된다. 이런 것들 때문에 아내는 성적으로 마비를 일으킬 수가 있고, 남편이 소외감을 느끼고 화를 내도록 만드는 것이다.

　결혼생활에서 자의에 의해서 하는 것이 필요하지만, 좀 열정적이 못되는 여성에 있어서는, 갑작스럽게 치르는 성교가 실패로 끝나는 수가 많다. 일반적으로 성행위를 위한 준비와 계획을 세운 다음에야 기대해야 한다고 생각한다. 최근 들어서 성적으로 만족을 얻지 못한 남성들을 위해서, 나는 이런 제안을 하고 싶다. 부근의 호텔이나 모텔을 들러서 어느 날로 예약을 해놓은 다음에는 아무에게도 알리지 않도록 한다. 꼬마들을 아침까지 돌보아 줄 방도를 구해 놓은 다음, 아내와 저녁을 먹으러 나간다. 저녁을 맘껏 먹은 뒤에 집이 아닌 호텔로 슬쩍 차를 몰고 간다. 놀람과 흥분은 최후에 느끼도록 감추어야 한다. 호텔 방안에서(꽃도 준비되어 있는)호르몬의 작용으로 나머지 일이 순조롭게 되어질 것이다. 내가 말하고 싶은 것은 성적인 흥분에는 약간 색다른 변화가 필요하기 마련이며,

권태기가 온 경우에는 특히 필요하다는 것이다. 예를 들어 선천적으로 성적감각에 있어서 여성은 수동적이고, 남성은 능동적이라는 개념을 갖고 있는데 그것은 전혀 터무니없는 소리이다. 똑같은 침실에서 똑같은 위치로, 똑같은 벽으로 둘러싸여서 치르는 행위일지라도 몇 년을 되풀이하고 나면 좀 일상적인 일로 되어 버린다. 그런 일상적인 성행위는 싫증이 나기 마련이다.

수압이란 의사(자기 이름 때문에 여러 번 우스갯소리를 들었을 법하다)는 여성에게 있어서 세 가지의 역할을 감당해 내는 것은, 어려운 일이라는 것을 밝힌 일이 있다. 아내, 연인 그리고 어머니로서 세 가지 일을 감당하는 것 말이다. 가정을 잘 꾸려가고, 가족을 잘 보살펴 가는 아내의 역할을 하면서도, 침실에서는 남편을 매혹시키는 여성이 되기를 원한다. 이처럼 어머니로서의 역할을 병행해 나가기 어려운 경우도 있다. 그렇지만 이런 역할이 서로 상반되는 것처럼 보이는데도, 여성들은 한 가지 역할에서 다른 역할로 빨리 바꾸어야 되는 경우가 많다. 그런데 남편은 아내와 어머니의 위치로부터 연인의 위치로 전환시켜야 하는 경우에 도움이 되어줄 수가 있다.

5. 남편들이 알아두어야 할 성생활의 방해요소는 '피곤'이란 것이다. 육체가 고단해지면 여성의 능력을 제한시켜 성에 민감해질 수가 없게 된다. 열 여덟 시간 동안 아이와 씨름하고

나면, 특히 말썽꾸러기 꼬마가 하나,. 둘 있는 경우에는 온몸의 힘이 모두 빠져버린다. 마침내 침대로 쓰러지게 되면, 성이란 것이 즐거움이 아닌 의무로 여겨지게 된다. 그 일은 바로 자기가 세운 계획표에 전혀 들어 있지도 않은 일이니까. 참다운 성행위에는 막대한 힘이 들게 되며, 이런 원기가 이미 다 소모된 후에는 더욱 큰 방해를 받게 된다. 그렇지만 대부분의 경우 성교는 저녁에 다른 일을 모두 마치고 나서 마지막으로 이루어지게 된다.

결혼생활에 있어서 성이란 것이 중요하다면(실제로 그렇게 여기고 있지만) 그것을 발산하기 위해서는 어느 정도 시간을 들여야 할 것이다. 하루 일을 좀 일찍 마치고서 여러 가지 집안 일에 온 힘을 빼앗기지 않도록 일찍 손을 놓는 것이 좋다. 이것을 꼭 기억하라. 당신이 우선적으로 해야할 일을 적은 항목 중에서 제일 끝에 있는 일은 제대로 될 수가 없다. 그런데 수많은 가정에 있어서 성이란 것은 맨 끝자리를 차지하고 있다.

우리들은 거의 다 데이비드 루벤의 베스트셀러인 「언제나 알고 싶어 했으면서도 물을 수 없었던 생에 관한 이야기」를 알고 있으리라 믿는다.(나는 그분의 샌드위치를 좋아하기 때문에 그 책을 샀다.)그렇지만 이런 기력소모로 오는 성욕의 감퇴에 대해 생각해 보고서 나는 루벤 박사가, 그 책의 제목을 「언제나 알고 싶어 했으면서도 너무 묻지 못한 성에 관한 이야기」로 바꾸어야 하겠다고 생각했다.

제7장 결혼생활에 있어서의 성에 관한 문제

6. 끝으로 자존심과 성을 즐기는 일과의 관계에 대해 한 두 가지 이야기해 볼까 한다. 나는 이 책의 첫머리에서 우울증의 요인들로 나와있는 항목끼리는 서로 깊은 관계가 있다고 말했었다. 자신감과 성적인 흥분도와는 더욱 깊은 관계가 있다는 것은 더욱 확실한 일이다. 자신이 못생겼다고 생각하는 여성은 성행위를 하기에 자신의 몸이 너무 흠이 많기 때문에, 부끄러워하게 된다는 것만으로도 알 수 있다. 여성 자신은 40살된 자기의 허벅지를 감추는 것은 불가능한 일이라고 깨닫게 되면, 자신의 결점 때문에 성적감각에 지장을 받게 된다. 인간에게 있어서 성이란 것은 우리의 심리상태와 깊은 연관을 가지고 있다. 그러기 때문에 수줍어하고 소심하며, 열등감에 빠져있는 사람은 그와 똑같은 방법으로 성을 발산하게 되며, 반면 자신감이 있고 정서적으로 안정된 사람은 성생활을 만족스럽게 해 나갈 수가 있다.

그렇기 때문에 남편들은 아내의 자존심을 상하게 하는 것이 곧, 침실에서의 문젯거리를 만들어 준다는 사실을 알아야만 한다. 아내의 가슴이 빈약하다고 혹은 다리에 부정맥이 있다고, 엉덩이가 너무 크다고 비웃는 일은 아무리 장난이라고 하더라도 앞으로의 성생활에 있어서도, 아내가 그런 생각을 자꾸 하도록 만들게 된다. 개인적으로 아내에게 조소를 나타내면 육체 관계에 있어서 그 결과가 반드시 따르게 된다. 이렇게 볼 때 우리가 하는 성행위는 하등동물과 같은 기계적인 반응과는 전혀 다른 것임을 알 수가 있다. 인간에게 있어 정서적인 요소는 부정하거나 무시해 버릴 수 없는 것이다. 남녀의 성행위에 대해서는 말할 것이 많지만 시간과 공간의 제약이 있기 때문에, 다음에 쓰는 질문과 답변은 여러 가지 고려해야 할 중요한 문제를 말해 줄 것이다.

질문과 답변

질문 : 결혼생활에서 생겨나는 문제의 대부분이 성적인 문제 때문에 생겨난다고 보는가?

답변 : 아니다. 그 반대가 오히려 맞다. 대부분의 성적인 문제는 결혼생활에서 생겨나는 문제 때문에 나타난다. 다르게 표현한다면 침실에서 일어나는 대립관계는 침실 밖에서 일어나는 문제 때문에 일이 생기는 것이다.

질문 : 50대, 60대, 70대로 갈수록 성욕이 감퇴한다는 것은 정말인가?

답변 : 남녀에 있어서 나이가 들수록 성욕이 감퇴한다는 데에 있어 뚜렷한 증거는 없다. 성욕이란 것은 시간적인 나이보다는 마음의 상태나 정서적인 상태에 달려 있다. 자신이 늙었

고 매력도 없다고 느끼는 여성은 나이가 들어감에 따라 부수적으로 성욕이 감퇴할 것이다. 그러나 육체적으로 보아 갱년기의 남자와 여자가 성적으로 무감각해지는지 알 수가 없다.

질문 : 어떤 여성들은 골반부의 근육이 약해서 성행위를 즐기지 못하는 일도 있다고 들었는데 그것이 사실인가? 그런 경우에는 어떻게 해야 하는가?

답변 : USC의과 대학의 산부인과 교수인 아놀드 케겔박사의 말에 따르면, 골반부와 미추를 잇는 근육이 퇴화된 여성들은 성행위에 지장을 받는다고 한다. 박사는 그 근육에 힘을 좀 주도록 권고를 해서, 전에 오르가즘을 느끼지 못하던 여성에게서 큰 효과를 얻었다고 한다. 이밖에도 성행위에 지장을 초래하는 요인은 여러 가지가 있지만 그런 데에 흥미 있는 분은 「아름다운 애정생활」이란 팀 라하이씨의 책을 읽기 바란다.

질문 : 남성과 여성은 성욕이 다르기 때문에 혼외정사를 하게 되는 이유도 각각 다른가?

답변 : 그렇다. 남성은 성행위 자체에 흥분 때문이고, 여성들은 정서적인 것에 더욱 관심이 있어서이다. 그렇기 때문에 그런 사람에게서 큰 상처를 입는 여성이 생겨난다. 왜냐하면

남자 쪽에서 여자가 전만큼 자극을 주지 못하는 경우에 남자 쪽에서 관계를 끊어버리기 때문이다. 누군가는 이런 말을 했다. "남성은 여성에 대한 신비의 정도만큼 사랑을 한다." 이 말에서 사랑한다는 말은 적합치가 않지만 이 말은 옳은 이야기인 것 같다.

질문 : 당신은 남성과 여성이 문화적인 배경에 있어서나, 생리적으로 전혀 다르다고 말했는데 그런 차이점을 구체적으로 말해 달라.

답변 : 로스앤젤레스의 미국 가족협회 이사이신 폴 포피노우 박사는 제기한 문제에 대해 짤막한 글을 썼다. 이 질문에 대해 「여성들은 정말 다른 존재인가」라는 제목의 그 글을 인용해 보자.

"여성 해방 운동과 거기에 관계된 여러 운동 중에서 제일 받아들일 수 없는 부분은 양성의 차이를 최소한으로 없애 보려는 태도이다. 그런 논쟁의 중요한 원인은 그런 차이란 것이 교육과 훈련 때문에 생겨난 것일 뿐, 근본적인 것이 아니라는 것이다. 아무리 교육의 결과라고는 하지만 이런 차이점들은 수백만년간 유지되어 왔기 때문에, 이제 와서 아무리 반대를 한다 하더라도 정말 이상한 느낌밖에 들지 않는다. 그러나 실제로 성별에는 우리의 힘으로 전혀 바꾸어 볼 수 없는 여러 가지 두드러진 차이가 있는 것이다. 해부학적으로나 생리적으로 다르기 때문에, 그것을 무시해 버리거나 이야기 몇 마디로 바꾸어 놓을 수 없는 일이다."

 교육으로나 훈련으로서 얻어진 것이 아닌 현격한 차이점은 여성의 월경이란 것이다. 여성의 모성적인 본능의 강도는 여성의 월경주기와 그 양에 깊은 관련이 있다는 것은 데이비드 레비씨가 발견했다. 또한 여러 가지 내분비선의 활동력이 여성의 행동을 변화시키는 것이다. 아이를 기르는 나이의 여성들 중에서 어느 때든지 18퍼센트 정도는 늘 월경을 하고 있게 된다. 이런 퍼센트에 반해, 자살한 여성의 시체부검 결과 스스로 자기 목숨을 끊는 여성의 40퍼센트에서 60퍼센트가 월경을 하고 있었다고 한다.
 캐더리나 달톤박사는 「월경 직전의 증후」(스프링 휠드, 일리노이, 1964)라는 책에서 여러 가지 행동변화에 관한 연구를 추려 놓았는데, 여성범죄 중에서 대부분(영국의 통계는 63퍼센트, 프랑스 통계로는 84퍼센트)이 즉 자살, 교통사고, 학교성적의 하락, 성적의 감소, 시력의 감소 반응속도가 둔해지는 현상은 월경 직전의 시기에 나타난다는 것이다. 미국에서는 월경으로 인한 결근 때문에, 생기는 피해는 매년 50억달러나 되지만 자동차사고나 집안싸움 등으로 결근하는 것은 극히 일부분에 지나지 않는다고 한다. 이 밖에도 매일 매일 생활에 여러 모로 영향을 주고 있는 남녀간의 생리적인 차이점은 책 한 권의 부피만큼 될 것이며, 분명히 교육이나 사회적인 환경에 의해서 그런 차이점이 없어질 수는 없는 것이다. 여기에 몇 가지만 적어 보겠다.

1. 남성과 여성은 몸의 세포에 있어서도 차이가 있다. 남성과 여성으로 되는 기본 원인은 염색체의 배열에 차이가 나기 때문이다.

2. 여성은 이런 염색체 때문에 더 긴 수명을 가진다. 미국에서는 여성이 3, 4년 더 오래 산다.

3. 기초 대사량도 다르다. 여성은 남성보다 약간 낮은 것이 정상이다.

4. 골격도 달라서 여성은 머리가 짧고 얼굴이 넓으며, 턱도 덜 뾰족하며, 다리가 짧고 몸체가 길다. 여성의 경우 대개는 엄지손가락이 새끼손가락보다 길다. 남자의 경우에는 대개가 반대이다. 여자보다 남자는 치아가 더 오래 간다.

5. 여성은 위나 신장, 간과 맹장이 큰 대신 폐는 작다.

제7장 결혼생활에 있어서의 성에 관한 문제

6. 기능 면으로도 여성은 남성에게 없는 것을 갖고 있다. 그것은 월경과 임신, 수유이다. 이러한 모든 것들은 행동과 기분에 영향을 미친다. 또한 남성과는 다른 호르몬이 있다. 똑같은 내분비샘이 남녀 사이에 각각 다른 작용을 한다. 여성의 갑상선은 더 크고 활동력도 다른 작용을 한다. 여성의 갑상선은 더 크고 활동력도 크다. 특히 임신이나 월경기에는 더 커진다. 그래서 여성은 갑상선 비대증이 잘 오며, 추위에 강하게 되고, 피부도 고와진다. 따라서 털이 적고 피하지방이 발달해서 아름답게 해준다. 또한 정서적으로 불안정하게 되어 잘 웃고 잘 운다.

7. 여성의 혈액 속에는 더 많은 수분이 있다.(적혈구가 20퍼센트 적다). 그래서 쉽게 피로해지고 현기증을 잘 느낀다. 전시에 영국의 공장에서 여성들에게 10시간에서 열두 시간으로 작업시간을 늘였더니, 여성의 사고율은 150퍼센트 증가했지만 남성은 변화가 없었다.

8. 육체적인 힘은 여성보다 남성이 50퍼센트 가량 많다.

9. 여성의 심장은 더 빨리 뛰고(1분에 80회, 남성은 72회) 혈압(남성보다 10정도 낮다.)은 매분마다 변하는데, 고혈압이 되는 경우가 적다. 적어도 폐경기 이후까지는 말이다.

10. 폐활량은 7대 10의 비율로 적다.

11. 남자보다 높은 온도에 더 오래 견딘다. 신진대사도 좀 덜 활발하다.

질문 : 내 행동이 다른 사람에게 영향을 주지 않는데, 왜 나는 마음대로 무엇이든 할 수가 없을까?

답변 : 당신이 하는 일 중에서 다른 사람에게 영향을 주지 않는 일은 없다. 이 사실을 설명하기 위해서는, 당신에게 깊이 숨을 들이마시고서 잠시 숨을 멈추어 보라고 해야겠다. 당신이 마신 공기에는, 이 지구상에 살았던 누군가가 뱉은 세 분자의 질소원자가 들어 있다. 즉, 그와 똑같은 부피의 공기를 예수님이나, 아브라함 링컨, 레오나르도 다빈치, 스피로 애그뉴 같은 분들이 마셨던 것이다. 당신이 마신 공기 속의 질소 세 분자는 옛날에 공룡들이 마셨던 것이기도 하다. 살아있는 사물들은 모두들 서로에게 영향을 주기 마련이며, 수 세기를 두고 작은 행동 하나 하나까지도 되풀이될 수가 있는 것이다.

이런 상호작용을 예를 들어서 자세히 설명하도록 하겠다. 1500년에 어떤 부부가 아이를 낳는데 있어서 성교를 5분간 지연시켰다고 해보자. 비록 5분간이지만 수정이 늦어졌기 때문에, 전혀 다른 정자가 어머니의 난자 속으로 들어가게 된다. 즉,

단 몇 분간을 지연시켰기 때문에 전혀 다른 인간이 태어나게 된 것이다. 성별이 결정되는데 있어서도 50대 50대의 확률이 있다. 제대로 수정시켰을 때, 생겨났을 사람을 대신한, 다른 사람은 일생동안 자손을 퍼뜨리게 된다. 60년 동안에 이와 마찬가지로 해서 생겨나는 변화는 많을 것이다. 측정할 수는 없지만 원래의 행동이 초래하는 결과는 수십년을 두고 반복이 되고 상태를 따져볼 때 전혀 다른 인간 세계가 생기게 된 셈이다. 예를 들어서 이런 생각을 해보자. 아돌프 히틀러 대신에 다른 사람이 태어났다고 하면 세계의 역사는 어떻게 되었겠는가?

간단히 말해서 우리가 다른 사람에게 아무런 영향을 주지 않으면서, 무엇인가를 할 수 있다고 생각하는 것은 어리석은 일이다. 그렇기 때문에 나는 현재의 반사회적인 문화가 있다고 주장하고 있는 '좋다고 생각되면 해라'는 표현에 분개하고 있다.

질문 : 나는 TV프로 때문에 점점 용기를 잃고 있다. 우리사회에 TV가 던져주는 충격에 대해 말씀해 달라

답변 : TV란 것은 정치에 대한 우리의 태도에서부터 여러가지 잡다한 일에 이르기까지 우리의 생활에 다양하게 영향을 줄 수 있는 존재이다. 그 바보상자가 목욕해야 할 시간까지 정해주고 있다. 대도시의 하수도 처리장에서 일하는 사람의 말

에 따르면, 인기 있는 프로가 진행되고 있을 때에는 언제 오물이 나오는지를 정확히 알아맞출 수가 있다고 한다. 시청자들이 그 시간만 되면 모두 화장실에 한 번쯤 갔다오기 때문이다. 그것은 TV가 우리의 행동을 지배하고 있는 좋은 예가 될 것이다. 이 기계의 효율성이 거기서 초래하는 타락을 더욱 가중시키고 있다. TV에서는 강도나 절도, 동성연애, 매음, 폭력 그리고 강간과 불륜의 관계 등에 대한 강박관념을 심어 주어서, 생활에서 실제로 그런 일이 되풀이 되게 만들고 있다. 나에게는 전통적인 가정생활에 늘 위협을 주고 있는 것이 제일 기분 나쁜 일인데, 밤마다 TV에서는 이런 가정생활을 비웃고 비난하고 있다. 그 예로 머어브 그리핀쇼 에서는 그 신조가 가정생활을 붕괴시켜 놓자는 주의인 것 같다. 계속적인 이런 비난에 대해 나는 너무 기분이 나빠져서, 1974년 12월 17일에 그리핀 씨에게 개인적인 편지를 썼다.

친애하는 그리핀씨 ;

지난 4년간 가끔씩 당신의 프로를 보아 왔는데 저를 흥분하게 만드는 이 문제에 대해서 짐작할 수가 없군요. 매일 밤마다 당신의 프로는 고유한 미국가정을 파괴하고 무너뜨리려는데 전력을 기울이고 있는 것 같군요. 당신이 거기 초대되어 오는 사람들은 결혼생활이나 성에 대한 지조, 부모의 역할 등, 기타

제7장 결혼생활에 있어서의 성에 관한 문제

애정생활에 필요한 기본적인 요소들에 대해 끊임없이 공격을 퍼붓고 있습니다. 가장 중요한 것은 이 논제에 대해 반대 입장인 사람과, 찬성하는 사람들 사이에서 당신이 중재자 역할을 하려고 들지 않는다는 것입니다.

제가 말하려고 하는 것을 가장 잘 나타내주고 있는 것은 로스앤젤레스에서 1974년 12월 9일에 방영된 전형적인 쇼로서 두 시간 동안이나 중단하지 않고 퍼부은 독설입니다. 그 중 몇 개를 인용해 보지요(혹은 주석을 달아보든가).

첫번째 손님인 바이너씨는 자신이 9년 전에 이혼을 하고서 두 딸을 혼자 키워오고 있다고 설명해 주었습니다. 그분은 그것이 아주 잘된 일이라고 말했지요 그러자 파멜라 메이슨이 나타나서 자기는 결혼이란 개념에 대해서 반대한다고 말했습니다. "그것은 우리에게 잠자리를 같이 하도록 말해 주려고 하는 정부에서 발행하는 두 달러 짜리 지폐에 불과한 걸요!" 그녀는 또한 자기는 제임스 메이슨과 30년간 결혼생활을 했지만 그 동안 적어도 다섯 번 이상 그에게 속았다고 말했습니다. 요즈음에 와서는 그가 전화를 걸어도 목소리조차 알아듣기 힘든 정도가 되어버렸다고 합니다. 그녀는 마지막으로 전세계적인 문젯거리는 우리가 종교에 너무 열광해 있는 것이라는 말을 하며 결론을 맺더군요.

칩(성은 잊었습니다)이란 사람은 나타나더니 "모든 것이 사랑에 빠졌던 까닭이지요"란 노래를 불러서, 남녀관계의 무상함을 나타내었습니다.

　캐롤 쿡이 등장했지요. 성의 지조에 대한 이야기가 나오자, 그녀는 "나는 눈처럼 순결합니다"하고 말을 했습니다. 당신과 메이슨 부인은 그녀가 "죄 가운데 살고 있다."고 놀려대며, 그녀가 이혼한 경력이 있는 남자와 결혼하려고 하는 것을 들춰 냈습니다. 그러자 쿡 부인은 "아니 난 단지 그런 것을 좋아할 따름이에요"(청중웃음)하고 대꾸를 합디다. 그녀는 결혼문제에 대해 예민하지 못한데 왜냐하면 사람들은 그들의 행동신념에 대해서 상대방에게 말하기를 요구하기 때문이라고 설명했습니다.

　루빈 카아슨이 그 모임에 끼여들게 되었습니다. 그는 "현재 정조를 무시하는 결혼생활의 효과에 대해 이야기하고 있는, '개방적인 결혼생활'이란 주제로 영화를 만들고 있습니다."는 말로 서두를 꺼냈습니다. 그는 자신이 세 번이나 결혼했으며, 배신하기보다는 이혼하는 것을 좋게 생각한다고 말했습니다. 또한 그는 이제 막 「성이란 첫 인사를 대신하는 자연스런 방법이다」라는 책을 끝마쳤다고 합니다.

　그러므로, 두 시간 이상에 걸친 파괴적인 선전은 내부로부터 우리를 타락시킬 수 있는 미국의 가정에 직접적으로 주입했던 것입니다. 적어도 그 목마는 적으로 밝혀진 병사들을 신고 있었던 것입니다. 당신은 여러 가지 해학과 오락으로 가장된 교활한 사고방식을 우리에게 넣어준 셈입니다. 얼마나 많은 십대들이 자신의 가치관을 당신의 초대손님들의 어리석은 말장난에 비교하면서 TV를 보았겠습니까? (그들은 내일 밤에도 다시 그런 것을 들을 것이며, 앞으로 계속 그렇게 되겠지요). 얼마나 많은 주부들이 당신의 말속에서 가정을 저버리고 싶은 충동을 느꼈겠습니까?

 당신의 프로를 보면서 이런 절호의 기회에 혼외정사를 가져 보기로 마음먹은 남편들은 얼마나 많겠습니까? 장차 자기들의 생활이 든든한 것이 하나도 없이, 모두들 제멋대로인 상태가 되어버렸을 때 당신을 원망하게 될 어린이들도 얼마나 많겠습니까? 여기에 대해 숫자적으로 답할 수는 없지만, 당신과 당신의 동료들이야말로 조직적으로 가정생활을 파괴시키고 있는 사람들이란 것만은 알 수가 있습니다. 그리고 그 파괴가 이루어졌을 때, 당신이나 저나 모두가 다 이 속에서 함께 멸망할 것입니다.

 저는 한 목소리밖에는 되지 못합니다만 저는 이 문제에 있어서 최선을 다할 것입니다. 단지 바라는 것은 당신이 앞으로는 좀더 나은 견해를 나타내게 되도록 압력이 가해졌으면 하는 것입니다.

USC 의과대학 소아과 교수
제임스 도브슨 박사로부터.

 이 편지를 복사해서 연방 통신위원회(FCC)와 메트로메디아

주식회사 사장인 존 클루쥐씨께 보냈다. 그리핀씨나 클루쥐씨는 답을 보내지 않았다. FCC에서는 언론의 자유를 침해할 수 없다는 해명서를 보내왔다. 그리고 그 프로는 아직도 계속되고 있다.

TV가 간섭을 받지 않는다는 권리 때문에, 우리 사회에 더욱 큰 악영향을 미치고 있다. 역사상 이처럼 짧은 시간에 사회적인 가치관과 관습을 뒤바꾸어 놓을 수 있는 그러한 능력을 가진 힘은 일찍이 없었다. 한 가지 사실에 의견이 모아지면, 사회 전체가 밤낮으로 거기에 대해 헐뜯으며, 연속극마다 새 프로마다, 그리고 싸구려 오페라에까지 그것을 적용시켜 끊임없이 공격을 하게 된다. 미국사회 전체에는 여성의 지위를 다시 만들어 주자는 움직임으로 가득 차 있다. 단순한 한 가지 사실이 수천 가지로 극화되어 간다. "집에서 아이나 키우며 앉아 있으면, 당신은 속임을 당하고 싫증만 나며 배반당하고 인간으로서 쓸모없이 되어 버린다."하는 식으로 말이다. 왜 당신 스스로 생활의 의미를 찾으려 하지 않는가? 다른 여성들과 나란히 사업전선에 뛰어들지 않고 있는가? 이런 생각을 좀더 퍼뜨리기 위해서 여성을 여순경으로, 외과 의사로, 신문사의 논설위원으로, 혹은 그 이상의 여러 가지로 발탁해서 어머니나 아내가 아닌 존재로 만들어 보려는 것이다.

여성이 외과 의사가 되고, 신문사의 논설위원이 되는 것은 아무 잘못이 없지만 왜 어머니의 역할과 집안 일을 하는 것을 여성으로서의 체면과 결부시키려는, 그 저의가 화나는 일이다. 또한 자기 프로를 오락프로로 만들면서, 실제 의도는 미국 가정의 구조를 무너뜨리는데 두고 있는 프로듀서들의 이중성이 분노를 일으키게 한다.

대다수에게서 반응을 얻지 못할 때에는 어떻게 혼자서 그런 강한 세력을 막아 낼 수가 있단 말인가? 우리는 이 질문에 대한 답을 꼭 얻어야만 한다. 대중매개체의 편견을 잘 나타내주는 일은, 지난달에 피닉스에서 로스앤젤레스로 가는 비행기의 옆자리에 앉았던 여자 내과의사를 통해서 알 수가 있었다. 그녀는 계속되고 있는 무차별 임신중절에 반대하는 모임인 생존권리 연합회에서 일하는 여성이었다.(1974년 미국에서만 90만 건의 임신중절 수술이 있었던 것으로 집계됨). 그녀는 신문이나 잡지, TV에서 이런 임신중절 반대운동을 비난하고 있다고 분개했다. 올해 초반기만 해도 워싱턴 시에서는 5만 명의 여성들이 생존권의 입법화를 부르짖으며 구호를 들고 행진했다. 뉴스위크나 타임지에서는 기자를 보내서 취재했으며 여러 TV 방송국에서도 그랬다. 그런데 그 중에서 한 군데도 이 사건을 제대로 보고하지 않았다.

그런 시위행진은 보도될 가치도 없다는 것이 그들의 말이었다. 그러나 그 다음 주에 이십 명도 안 되는 임신중절 찬성자들이 워싱턴을 향해 행진했을 때에는 그들의 말과 행동 하나

다정한 남편의 사랑스런 아내 이해하기

하나가 그날 저녁 안으로 방방곡곡에 보도가 되었다는 것이다. 이런 경우에는 5만 명은 무시를 당하고, 20명만이 인정을 받은 셈이다. 그녀가 속해 있던 단체가 늘 겪어오던 장벽이, 바로 이 대중성을 얻지 못하는 점이라고 말해 주었다.

현재 우리가 보도기관에서 받고 있는 이런 편견에 대한 해결책을 말하고 싶다. 이런 제안을 할 만한 시간과 수단도 없지만, 아마도 독자 중 몇 사람은 이것을 실제로 행해 주리라 믿는다. 우리가 필요로 하는 것은 우리들의 불만을 받아들여서 기록을 해줄 수 있는 중앙 사무실이다. 그리핀 씨에게 보낸 것과 같은 글을 쓰는 대신에 우리의 메시지를, 우리의 의견을 묵살해 온 실무자에게 전달해 줄 수 있는 조력자를 보내는 것이다. 그런 게임의 제목은 숫자놀이다. 만일 중앙 사무실에서 어떤 특정프로에 대한 반대의견이 10만 통에 달한다고 말해 준다면 이곳 저곳에서 한 두 사람이 들고 일어서는 것보다도 큰 효과를 나타내리라고 믿는다. 더 좋은 효과를 얻으려면 그런 문제를 계속 다룬다면 그 프로를 보지 않게 될 것이라고 광고주에게 알리는 것이다. 또 한편으로는 잘못된 부분을 시정해서 건설적인 프로로 만들도록 직접 해볼 수도 있다. 이런 훌륭한 일은 이런 보도기관이 반감을 품고 있는 사람들끼리 매년 5달러 정도만 내면 이루어질 수가 있을 것이다. 그리고 그밖에 각 교단과 기타 가정을 지키려는 각 단체로부터 보조를 얻을 수도 있다. 우리가 우리 전체의 견해를 전달해 볼 수 있는 방

제7장 결혼생활에 있어서의 성에 관한 문제

법을 만들어 내지 않는다면, TV의 실무자들은 해가 갈수록 우리의 가정에 깊숙이 그런 사고방식을 망치로 밀어 넣어 우리가 그 영향으로부터 벗어나지 못하도록 만들어 버릴 것이다.

질문 : 여성의 역할에 대한 당신의 말씀을 들을 때, 이제 와서 오히려 그 반대현상이 된 것 같은데 여성을 남성보다 나은 존재로 여기고 있다는 말이다. 여기에 동의하는가?

답변 : 지금 현재 여성의 이미지는 보도기관을 통해서 눈을 둥그렇게 뜬 놀란 표정과 여성운동가의 인상이 합쳐진 우스꽝스런 상태로 표현되고 있다. 오늘날의 여성은 언제나 멋진 것처럼 보이지만 사실은 그 이상이다. 여성은 경기용 스포츠카를 몰면서 방방곡곡을 누비고 다니는 반면에, 그 남편들은 손톱이나 물어뜯으며 반대편의 앞자리에 앉아 있는 셈이다. 여성은 손가락 끝에서 자존심이 배어 나오고 있다. 여기에는 여러 가지 이유가 있다. 입만 벙긋하면 이 세상에 있는 어떤 남성도 제멋대로 해볼 수가 있다. 직업 선수같이 정확히 권총도 쏠 수가 있으며 정구(혹은 축구)를 할 수가 있다. 완전하게 짜여진 문장을 쓰는데, 마치 그녀 바로 뒤에 앉은 영국인 교수들이 계획해 놓고 써 놓은 것 같은 투이다.

또한 성에 있어서도 대단한 미식가이지만 결혼식 같은 것에

구애받으려고 하지 않는다. 계속 젊음을 유지할 수 있는 커다란 행운도 가졌으며, 병이 나지도 않고 실수를 하는 일도 없고, 어리석게 보이지도 않는다. 즉, 요리나 바느질 혹은 아이를 키우는 일 같은 전통적인 여성의 일을 빼놓고는, 전지전능한 셈이다. 오늘날 은막계의 여왕은 아주 멋진 포즈로 손을 엉덩이에 대고 서서, 자기를 과시하는 것이 그 상징이라 할 수가 있다. 그렇다. 이렇게 되기 위해서 그들은 머나먼 길을 헤쳐 왔다. 그것만은 틀림없는 일이다. 이런 풍조를 만들어낸 사람들의 위선 때문에 이런 여성의 이미지를 연상하게 되는 것 같다. 이런 대담한 젊은 여자는 남성의 세계를 경멸하는 여러 가지 운동의 결과라고 할 수 있다. 인류전체에 있어 정말 견딜 수 없는 오만 불손한 태도로 어리석은 남성의 자아를 지금까지 비웃어 왔다. 사실 오늘날 여성들이 직면하는 비극의 대부분은 여성을 희생해서 자신의 긍지를 세워온 이기적인 남성들의 탓인 것이다. 만일 남성의 이기주의가 악한 것이라면(그리고 사실이 그렇다) 왜 그와 똑같은 입장이 되어 보려고 여성들이 애를 쓰는 것일까? 이런 모순적인 움직임은 단숨에 남성을 몰아내고 여성의 우위를 널리 퍼뜨리려고 갖은 애를 다 쓰고 있는 형편이다. 어디에 그 기반을 둔 것이든 간에 허황된 자만심이란 메스꺼운 것이며, 초능력의 여성이란 것도 표적으로 자신을 입증하며, 말 한마디로 꼼짝 못하게 만들어 놓으려던 남자들과 조금도 다를 바가 없다는 것을 왜 인정하지 않으려는지 모르겠다.

질문 : 이중 성행위라는 것이 도대체 무엇인지, 왜 요즘 들어서 그런 말이 자꾸만 나오는지?

답변 : 이중 성행위라는 것은 동성연애와 평상적인 이성간의 행위를 동시에 하는 사람을 말한다. 이 글을 쓰고 있는 지금도, 미국 대중 사이에서는 상당한 사람이 거기에 동조하고 있으며, 일부에서는 유행처럼 되어 버렸다. 얼마 전에 코스모폴리탄 잡지의 표지에는 이런 물음이 붙어 있었다. "이중 성행위라는 것은 괴짜가 아닌 사람도 생각해 볼만한 것인가?"(혹은 해 볼만한)라는 제목이 있었다. "당신은 동성 연애자를 파트너로 맞을 준비가 되어 있는가? 아주 지극히 정상적으로 남성을 사랑하는 여성들의 상당수가 현재 그렇다고 한다." 이 기사는 이런 말로 끝을 맺고 있다. "우리 모두가 이 이중 성행위를 하게 될는지, 아닌지는 미지수이지만 장래에 무슨 일이 일어나든 간에 많은 사람들이 경험한 바에 의하면 이중 성행위라는 것이 만족스럽고, 지극히 바람직한 생활방식인 것만은 틀림없는 것 같다."

보그(Vogue)잡지도 이와 비슷한 이야기를 통해서 이런 내용을 전하고 있다. 알렉스 컴포오트씨는 '더한 기쁨'이라는 글에서 이중 성행위가 10년내로 중산층의 도덕률로 될 것이라고 예견하고 있다. 그리고 지난 토요일에 수많은 어린이들이 보고 있는 가운데 로스앤젤레스에 방영된 TV 프로에서는 4명의 강력한 동성 연애주의자들이 나왔다. 그들은 자신의 성적인 기호에 대해 이야기하는 것만이 아니라, 여성끼리의 동성행위에서 얻을 수 있는 환락에 대한 찬사를 늘어놓고 있었다. 이 프로를 보았던 시청자 한 사람은, 그 프로의 내용을 일일이 적어서 내게 보냈는데, 그 중에는 거기에 출연했던 한 사람이 말한 내용을 그대로 옮겨 놓았다. "우리 아기가 동성 연애주의자가 될까봐 두렵지 않느냐고 누군가가 묻더군요. 그래서 이렇게 말해 주었습니다. 그렇게 되면 오히려 잘 된 셈이지요!"(위에 말한 대로 때로는 프로의 사회자가 이런 말을 하는 경우도 있다.

동성연애라는 것이 다른 사람들에게 전염되기 쉬운 것이라는 것은 의심할 여지가 없다. 이런 면에 있어서는 대중성이라는 것이 그 매개체 역할을 하게 된다. 우리에게는 너무도 악을 분별하는 능력이 없기 때문에, 그것이 코끼리같이 거대한 몸집으로 다가온다 하더라도 부도덕이란 것을 깨닫지 못한다는 생각이 자꾸 든다.

구약에서 선지자 이사야가 말하고 있는 불멸의 진리를 다시 한 번 생각해 보자. "악을 선하다 하며 선을 악하다 하며 흑암으로 광명을 삼으며 광명으로 흑암을 삼으며 쓴 것으로 단 것을 삼으며 단 것으로 쓴 것을 삼는 그들은 화 있을진저… 이로 인하여 불꽃이 그루터기를 삼킴같이 마른풀이 불 속에 떨어짐 같이 그들의 뿌리가 썩겠고 꽃이 티끌처럼 날리리니 그들이 만군의 여호와의 율법을 버리며 이스라엘의 거룩하신 자의 말씀을 멸시하였음이라" (이사야 5 : 20, 24).

도덕이나 비도덕이란 것은 인간의 태도나 사회적인 관습이 변하는데 따라서 결정되는 것이 아니다. 그것을 정하신 분은 바로 온 우주의 주인이신 하나님이시며, 그 기준을 무시해 버린다면 형벌을 피할 수 없을 것이다.

제8장
월경과 기타의 생리적인 문제들

1959년 10월에 우리 어머니는 갑자기 정신적으로나 신체적으로 쇠약해지기 시작하였다. 아주 극도로 신경이 곤두서서 때로는 수 주간씩 우울증에 빠져 냉정하게 되곤 하셨다. 얼굴을 늘 찡그린 채 눈 주위로는 거무스름한 빛깔이 돌며 파여지기 시작했다. 진찰을 한 내과 의사는 어머니의 증세가 정서적인 원인 때문이라고 진단했다. 그래서 신경을 진정시키는 진정제를 처방해 주었다. 겉보기에는 오히려 그 반대의 효과를 낼 것만 같았는데도 말이다. 그 약은 어머니 자신에게 벽을 기어오르는 느낌을 주었다. 어머니는 다른 의사에게 갔었고, 그 진단은 같았지만 처방은 좀 다른 진정제였다. 그것도 역시 같은 효과였다. 6명의 의사와 이야기해 보았지만 모두들 그 문제는 심리적인 것이라고

진단을 내리고, 어머니를 더욱 악화시키는 처방만을 주었다.
 어머니는 점점 체중이 줄어가며 매일 매일의 일을 해나갈 수가 없게 되었다. 어머니는 점점 자신의 죽음을 예견하게 되었고, 내게 전화를 걸어서 죽은 후의 입게 될 옷(수의)들에 대해 말씀하셨다. 아버지와 나는 일이 심상치 않다는 것을 알고 있었으며, 어머니가 극도로 쇠약해져 가고 계시다고 생각하게 되었다. 그 다음날 나는 우리 집안 대대로 주치의로 담당해 왔던 의사에게 상의를 했다. 나는 근심스럽게 그를 불렀다. "폴, 저의 어머니를 도와주셔야 겠어요." 어머니의 증상을 듣고 있더니 갑자기 말을 가로막았다. "어머니를 모셔 와요, 제가 도와드리겠어요."
 그 이튿날 어머니는 그 의사에게 갔다. 그는 어머니에게 폐경기가 왔기 때문에, 여성 호르몬이 결핍된 상태라고 진단한 것이다. 그리고는 그 자리에서 그 호르몬을 주사하도록 지시했다. 그리고 일주일 후에 두번째 주사를 맞고 그 후로는 계속 매 주마다 한 번씩 주사를 맞게 되었다. 곧 증세가 호전되지는 않았지만 약물의 효과가 점점 눈에 띄게 나타났다. 우울증이 없어지고 거무스레한 눈 주위도 깨끗해졌으며, 생활에 다시금 흥미를 갖게 되었다. 그래서 우리가 지금껏 믿고 사랑해온 어머니의 본래 모습대로 돌아 온 것이다.
 어머니의 정서적인, 신체적인 건강은 10년간 안정된 상태였다. 우리에게 그 여성 호르몬을 처방해준 의사가 있는 곳으로부터 1500마일이나 떨어진 곳으로 이사를 갈 때까지는 말이다. 그때 다시 한 번 더 이해심 있는 의사를 찾아야만 했다. 이번에 찾아간 의사는 그 진단에 동의하지는 않았지만, 그렇게 해 줌으로써 어머니의 상태가 좋아지는 것을 보고는 하는 수 없이 어머니에게 여성 호르몬을 주사했다. "왜 이런 효과가 나타날까?" 그는 말했다. 그러던 어느 날 어머니가 그 주사를 맞으려고 갔을 때, 그는 이제 더 이상 줄 수가 없다고 말했다. 어머니는 낙심해서 다른 의사를 찾은 끝에 집에서 15마일이나 떨어진 곳에 있는 의사를 찾아냈다. 그 치료법은 1년 동안 잘 되어갔으나 나는 또 한 번 어머니의 전화를 받게 되었다. 어머니는 몇 주 사이에 40파운드나 몸무게가 줄었다며, 몸이 약해지고 경련이 일어난다고 말했다. 주치의에게 전화를 걸었더니 이런 말이었다. "신경과민인 것 같은데도." 그는 다시금 안정제를 처방해 주었는데 어머니는 더 나빠져갔다. 다른 의사 하나도 30분 정도나 진찰하더니 여성 호르몬의 위험성에 대해 들려 주었다. 마침내 어머니는 종합병원에 입원해서 여러 가지 검사를 하게 되었다. 의사는 위장관계나 포도당 내성검사 등 많은 검사를 했다. 그렇지만 아무런 병도 나타나지 않았다. 다른 의사들도 다른 검사들을 했지만 특별한 병이 나타나지 않았다.

어머니의 병이 우선적으로 신체적인 원인인 것만은 확실하다. 어머니와 아버지는 이 일이 있기 직전에, 캘리포니아의 우리 집에 오셨는데 아주 즐거워 보였고, 마음도 편하신 것 같았다. 그런데 갑자기 외부적인 스트레스도 없이 점점 몸이 나빠지기 시작했다. 나는 캔사스 시에 있는 다른 친구의사를 장거리 전화로 불렀다. 나는 그에게 이번에도 호르몬 때문이 아닐까 물었다. 그 증세가 13년 전에 나타났던 것과 똑 같았으니까. 그는 부정했다. "솔직히 말해서 여성호르몬을 쓰는 것은 무익이야. 단지 여성들에게 자기를 돕는 역할을 해준다고 믿게 만드는 따름이지. 실제로는 거의 효과가 없다네."

아직도 일주일에 두 세 번씩은 그런 전화가 걸려오지만 어머니는 이야기를 하며 울곤 한다. 24시간 내내 먹지도 못하고 잠도 못 잤다고 말이다. 마침내 나는 전화기를 들고 내가 일하고 있는 USC 의과대학의 산부인과 과장을 불렀다. 어머니의 증세를 그에게 설명해 주고서 그것이 호르몬 때문인가를 다시 물었다. 그는 긍정적인 대답을 하며 캔사스 대학의 유명한 산부인과 의사를 소개해 주었다. 나는 곧 이 소식을 어머니에게 전했다.

이야기를 줄여서 말하자면 그 문제는 이틀만에 풀렸다. 12년간 매주 주사를 맞아온 엉덩이의 상처가 쌓이고 쌓여진 것이다. 매주 주사는 맞았지만, 실제로 몸 안에 흡수된 것은 없었다. 의사가 매주 주사 맞는 것을 금했지만 실제로 어머니는 한 번 더 심한 결핍증세를 나타낸 셈이다. 어머니의 곤경을 알고 정규적으로 복용하는 호르몬을 주어서 고쳐준 의사에게,

우리는 큰 빚을 진 셈이다.

　어머니가 맨 처음으로 고통받기 시작한 것은 1956년에서 1960년으로 나는 USC 대학을 갓 졸업한 젊은이였다. 어머니는 우연한 기회를 통해서 여성의 갱년기 문제에 대해서 내게 큰 교훈을 준 셈이다.(폐경기 이후로는 호르몬을 조정해 주어야 한다는 것). 나는 우선적으로 그것을 알고 있어야만 했으니까. 그때부터 나는 이 문제에 있어서 전문서적을 읽게 되었고, 이처럼 알아내기 힘든 질환으로 고생하는 여성들을 많이 보아 왔다. 내 사무실에 와서 이런 정신적인 고통을 호소하는 여성들을 살펴보면, 곧 이런 형태의 호르몬에 의한 증세임이 드러나게 된다. 몇 번이나 나는 그 여성의 얼굴 표정만 보고도 아무런 설명 없이 곧 그 증상을 알아 맞힐 수가 있었다.

　이런 여성의 갱년기 증상을 몇 가지로 나열해 보도록 한다. 그렇지만 다른 정신적, 신체적인 문제점이 때로는, 이와 비슷한 증세를 나타낼 수도 있다는 사실을 여러분들이 먼저 알아두어야 한다. 중년기에 무슨 정서적인 질환이든지 성호르몬 요법이 효과를 보는 것은 아니다. 그러나 이런 형태의 질환을 가진 어머니나 친척이 있는 분은 혹은 자기 자신이 될 수도 있지만 큰 종합병원에서 근무하거나 아니면 의과대학의 간부로 있는 믿을만한 부인과 의사에게 보이기를 바란다. 여성 호르몬 결핍으로 생겨날 수 있는 증상들은 22가지 정도가 있지만, 그런 것이 모두 나타나는 경우는 극히 드물다.(여기 적은 것들은 내 경험으로 얻은 것이지만, 여기에 대한 권위 있는 전문가인 에이어스트 실험실과 뉴욕 대학의 산부인과 교수인 허버트 쿠퍼만 박사로부터 인정을 받은 것이다. 또한 데이비드 허난데즈 박사도 이 내용을 검토해 주었다).

정서적인 증상들

1. 수 개월간 조금도 나아지지 않는 극단적인 우울증.

2. 생활에 흥미가 없어지고 허무해지게 되는 자존심의 상실.

3. 난관을 견뎌내지 못해서 자꾸만 화를 내고 신경질을 부리게 됨.

4. 감정을 걷잡을 수 없이 아무 일에나 눈물이 잘나고, 기분이 좋아야 할 시기에도 우울해짐.

5. 소음에 예민해짐, 보통 듣는 어린이들의 소리나 라디오 소리조차 신경에 거슬리고 귀에서 소리가 나는 일이 잦음

6. 사랑의 표시를 받고 싶고, 그런 것이 충족되지 못하면, 남편 앞에서 공연히 남을 헐뜯음.

7. 잠을 제대로 자지 못함.

8. 기억력이 나빠지고 주의 집중이 안됨.

신체적인 증상

1. 소화기 장애가 생겨서 소화가 안 되고 입맛이 떨어짐.
2. 짧은 순간에 몸이 여기 저기로 불꽃이 튀는 느낌
3. 현기증(어지럼증)
4. 변비증
5. 경련
6. 손과 발이 짜릿해지면서 마비됨
7. 피부가 건조해지고 특히 여러 곳에 집중적으로 습기가 없어지며, 탄력성도 없어짐.
8. 점막이 건조해짐, 특히 질이 건조해져 고통스럽고 아프기도 함.
9. 성욕의 감퇴
10. 몸의 마디가 쑤시고, 여기 저기가 아프다(신경통, 근육통, 관절통)
11. 심계항진증(심장박동이 빨라짐)과 가슴이 두근거림.
12. 두통
13. 눈가에 거무스름한 색깔이 나타남(이것이 무엇보다도 진

단에 필요함).

14. 체중의 감소.

　이런 증세 때문에 의사에게 오게된 여성들에게 있어서 이런 증세는 우스갯소리로 '손이 밑으로 쳐지는 증후군'이라고 불리우고 있다. 여성들은 왼쪽 눈썹을 가리키면서 "머리가 깨지는 것 같고 뒤가 멍멍하게 울린답니다. 가슴도 아프구요. 아아, 위도 쑤시지요. 허리도 아프고 엉덩이의 살도 아프답니다. 무릎도 떨려요." 정말로 머리끝부터 아픈 곳을 가리키며 발끝까지 가는 동안 내내 손은 떨리고 있다. 얼마 전에 의사 하나는 내게 자기 간호원의 하나는 갖은 질환이 다 있다고 주장하는 환자에게서 병명을 알아 내느라고 애를 썼다고 말했다. 무슨 병이든지 말하기만 하면 환자는 다 그렇다고 대답한다는 것이었다. 마침내 진력이 난 간호원이 떠보기 위해서 치아도 근질거리는지 묻자, 환자는 잠깐 머뭇거리다가 혀를 앞니 위에 내보더니 "잘 생각해 보구요. 분명히 그럴 거예요"하더란다. 폐경기가 된 여성은 무슨 일이나 다 잘못되어 간다고 생각하게 된다.

　의사라는 직업에 종사하고 있는 사람들 중에 많은 사람들은 (특히 부인과를 하는 사람인 경우에), 여성 호르몬의 혈중 농도와 여성의 정서적인 안정감과의 관계를 모르고 있는 것 같다.

　「좋은 가정과 정원」에서 제럴드 녹스 박사는 '우울증이 우리를 침체시킬 때'라는 기사에서 많은 의학계의 권위자들의 말을 인용하고 있다. 이 책에서 그는 말한다. "의사들은 사십대 여성들이 아마도 폐경기에 변화가 오는 호르몬의 양 때문에 '노쇠기의 우울증'에 걸리기 쉽다는 사실에만 만족하고 있지만 이제 와서는 거기에 대해 대부분 의심을 하고 있다. 그 사람들은 단지 그런 낡은 진단 방법은 남성의 편견에 의한 것이라고 말하고 있다." 이렇게 여성 호르몬이 지극히 고갈된 상태의 여성을 진찰해본 사람들은 녹스 박사의 말에 얼마나 큰 오류가 있는지를 곧 알게 될 것이다. 정말 그것은 남성의 편견 때문이다. 일부 여성에 있어서 성호르몬에 의해서 건강이 좌우되는 경우는 심리적인 방법으로는 캐널 수가 없으며, 이 사실을 알지 못하면 폐경기가 된 여성을 오히려 더욱 악화시키게 될 것이다.

나는 절망에 빠져서 나를 찾아 온 45살된 부인과 상담한 적이 있다. 그녀는 아주 몸이 야위었고, 기운이 빠져 있었으며 이야기 도중에 울음을 터뜨렸다. 몇 년전 그녀는 갑상선 절제수술(갑상선을 외과적인 수술로 제거해 버리는 것)을 받았고 난소 절제수술(생식기를 제거하는 수술)을 받았는데, 이런 수술로 인해서 그녀는 중요한 호르몬인 티록신과 에스트로겐이 없는 상태였지만, 그녀를 수술한 의사는 그것을 보충해 주지 않았던 것이다. 예상한대로 그녀가 정서적으로 쇠약해졌다는 것은 당연한 일이다. 그녀는 우울증에 빠져서 한 번에 여러 시간씩 울곤 했다고 한다. 그녀의 남편과 아이들도 엄마를 동정했지만 어찌할 도리가 없었다. 가족들은 정신과 의사에게 상담을 한다는 것은 용납할 수가 없었기 때문에 제일 한적한 침실에 문을 닫고 있을 수밖에 없었다. 2년 동안이나 그녀는 혼자 지내면서 가족들이 날라다주는 음식을 먹고 지냈다. 그녀가 나를 찾아 왔을 때, 나는 곧 부근에서 이름난 내과 의사에게 그녀를 부탁했다. 한 달 후에 그녀는 이 3년동안에 자기의 문을 열어준 사람은 바로 나라고 말하면서, 감사의 편지를 보내왔다. 이 여인과 또 그와 비슷한 환자들을 통해서, 나는 확실히 호르몬 요법이 필요한데도 그것을 믿지 않는 의사들에 대해 분노를 느꼈다. 오늘날 정서적인 불안으로 입원해 있는 여성들은 호르몬이 부족해서 고통 당하고 있다. 쉽사리 고칠 수 있는 질환인데 말이다.

　이 문제를 끝맺기 전에 이와 오히려 반대되는 상태에서 대해 생각해 볼까 한다. 골반을 검사하는 의사는 여성 호르몬의 양을 측정할 수가 있다. 다른 말로 해서 여성의 몸안에 있는 여성 호르몬의 양은 질을 검사해 봄으로써 짐작할 수가 있다는 것이다. 그렇지만 여성 호르몬이 부족해서 생겨나는 정서적인 질환은 질을 통해서는 알 수 없으며, 단지 여성의 뇌의 어느 곳엔가에만 있다. 실험실에서는 질 내의 여성호르몬의 양을 측정해낼 수가 있지만, 생화학적으로는 불가능한 뇌 속의 호르몬의 결핍은 측정할 수가 없다. 그러므로 많은 부인과 의사들은 실험실에서 얻는 결과가 어찌됐든 간에 현재 나타나고 있는 정서적인 증세를 가지고 치료하고 있다. 비교적 드문 몇 가지의 합병증(혈액응고가 안되는 질환) 외에는 이 여성호르몬이 호르몬을 필요로 하는 사람들에게 해를 주는 것 같지는 않으며, 안전하게 줄 수 있다고 믿는다. 또한 나는 여성 호르몬을 먹고 있으면서도 호르몬의 균형이 맞지 않고 있는 여성들을 많이 보아왔다. 장은 완전한 기관이 아니기 때문에, 그곳으로 지나가는 물질들을 모두 흡수할 수는 없는 일이다.

그러므로 목을 넘어가는 것들이 모두 다 핏속으로 가는 것은 아니기 때문에, 이런 처지를 받는 여성에게 있어서도 폐경기가 가져오는 고통이 오게 되는 것이다.

이제는 폐경기에 걸쳐 여성 호르몬의 감소로 일어나는 우울증에 대한 이야기는 끝맺고, 월경 주기 동안에 젊은 여성에게 나타나는 정서적인 문제점에 대해 이야기 해보기로 하겠다. 먼저 많은 여성들이 이해하지 못하고 있는 사실을 강조하려 한다. 자존심이란 것은 직접적으로 여성 호르몬의 양과 관계가 있는데 그 양은 28일 동안에 일정하게 변해간다. 아래에 그린 그림표는 앞장에서 그린 것과 똑같은 모양을 하고 있지만 그 의미는 전혀 다른 것이다.

정상 호르몬의 표준량과 기분

정상적인 월경 주기에 있어서 에스트로젠의 양은 중간의 시

제8장 월경과 기타의 생리적인 문제들

기에 최고에 달한다.(배란기), 여성 호르몬인 에스트로젠과 프로게스테론은 주기의 후반기에는 서로 교체되며 월경이 있기 직전에 급격히 감소한다. 이런 호르몬의 양도 따라서 기분도 바뀐다. 여성은 자신감을 이 중간 시기에 느끼고, 근심도 덜하며 적대감도 적어진다.

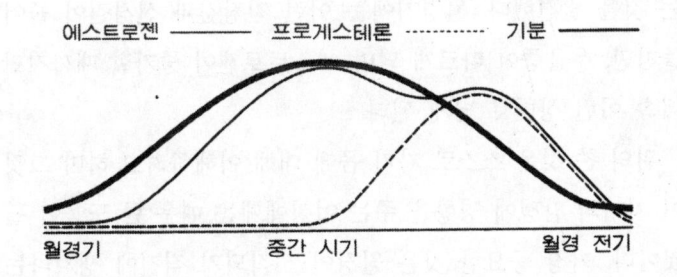

에스트로젠 ──── 프로게스테론 ············ 기분 ━━━

월경기 　　중간 시기　　 월경 전기

여기의 그래프에서 왼쪽으로 보면 월경 기간에 있어서 에스트로젠이 제일 적다는 것과, 전체적인 기분도 그렇게 되는 것을 주의해서 보자. 에스트로젠의 양이 점점 증가해서 배란기가 되면 최고에 달한다. 또한 이 중간 기간에는 정서적으로 낙천적이 되고, 자신감이 넘치게 되는 것이다. 그리고 나서 후반부에 가서 또 다른 호르몬인 프로게스테론이 나오기 시작하면 긴장감과 근심과 화를 내는 기질이 증가된다. 그래서 월경 직전이 되면 이 두 가지 호르몬이 최하로 감소해 버리면서 기분이 다시 나빠지게 되는 것이다.

이런 감정의 변화는 여러 가지의 조사에서 거듭 밝혀지고 있다. 그 예로 알렉 코펜과 닐 케슬이 465명의 여성을 조사한 결과, 중간 지점에 비해 월경 직전에 있어서 더욱 우울해지고 신경질적으로 된다는 사실을 알아냈다. 이것은 신경쇠약 환자나, 정신병 환자 그리고 정상 여성에 있어서도 동일했다. 이와 비슷하게 나탈리 세어니스씨는 월경 직전이 근심과 적대감 그리고 사랑을 갈구하는 마음이 생겨나는 것과 큰 관련이 있다는 것을 발견했다. 월경기에는 이런 긴장감과 신경질이 줄어들지만, 우울증이 따르게 되며 에스트로젠이 증가할 때까지만 계속 이런 상태로 남게 된다.

위의 쓴 것은 스스로 자기 몸에 대해 이해하려고 하며 그것이 자기의 감정에 영향을 주는 여성에게는 매우 큰 도움이 될 것이다. 가장 중요한 것은 월경이 시작되기 직전에 생겨나는 자기의 감정을 이해해야 한다. 만일 절망과 허무감이 현실과는 상관없이 호르몬에 의해서 생겨나는 것이라면, 그런 여성은 급작히 기분이 강하하는 것에 대해 잘 견뎌갈 수가 있다. 그런 여성은 매달마다 자신과 좀더 대화를 해보면 된다.

'내가 열등감과 무력감을 느끼긴 하지만, 그렇지 않다고 생각해 버리면 되는 거야, 며칠 동안 평상시처럼 생각해 버리면 되는 거야. 며칠 동안은 평상시와는 좀 다르게 느끼게 될 거야. 거기에 눌려서는 안 되지. 하늘이 어둠침침해 보이지만 그것은 마음이 삐뚤어져 있기 때문이야. 정말 원인은 내 몸에 있는 거지, 정신적인 데 있는 것이 아니니까 곧 나아질 거야.' 이런 식으로 말이다.

여성들은 여성의 몸 안에서 중요한 역할을 하고 있는 생리적인 요소에 대해 남편이 잘 이해하여 주기를 바라고 있다. 그렇지만 그런 경험을 해보지 않고서는 월경 직전에 자기 아내가 신경질을 잘 내며, 눈에 두드러지게 나타나는 아내의 변화를 이해하는 것은 남자로서 어려운 일이다. 남편이 아내의 월경기를 미리 알아서 그때 닥쳐오게 될 정서적인 변화에 대비하는 것이 가장 좋을 것이다. 이 3, 4일간에 혹시 아내가 더 기분 나쁜 행동을 한다 하더라도, 남편으로서 따뜻하게 대해주는 사랑이 있다면 더 좋을 것이다. 이런 시기가 지날 때까지는 돈에 대한 이야기나 그밖에 짜증나는 이야기는 되도록 꺼내지 않는 것이 좋으며, 집안의 분위기를 될 수 있는 대로 조용하게 지켜나가는 것이 좋다.

아내가 낙심해 있는 것 같으면, 앞서 말한 대로 잘 이해하여 주는 말만 하도록 해야 한다. 간단히 말해서 나탈리 세어니스 씨가 말한 '사랑에 대한 갈망'은 이런 시기에 자기 아내를 잘 돌보아 줄 수 있는 이해심 많은 남편만이 충족시켜 줄 수 있다는 것이다.

질문과 답변

질문 : 당신이 말한 여성의 폐경기에 해당되는 시기가 남성에게도 있는지?

답변 : 이것은 사실 혼동되기 쉬운 질문이다. 여성운동가 중에 어떤 사람들은 여성의 폐경기라는 것 때문에 중년 여성이 되면 지도자의 자리를 빼앗기게 될까 근심하고 있다. 그래서 그들은 여기에 대응해서 '남성의 갱년기'라는 개념을 강조하고 있다. 남성들도 그 폐경기에 해당되는 갱년기를 겪지만, 그 근본 원인이나 거기서 오는 충격은 여성과 전혀 다른 것이다. 남성에게는 호르몬의 변화가 아니라, 심리적인 변화가 더욱 중요하게 나타난다. 자기가 승진하려던 지위까지 갈 수 없다든가, 젊음이 빨리 지나가 버리고 있다든가, 곧 남성으로서의 매력을 잃게 될 것이라든가, 옛날에 품었던 명예욕과 권력에 대한 미련도 이루어질 수가 없게 되었다는 사실을 직시하는 것은 남성에게 있어서 곤란한 일이다. 자기가 애초에 원했던 만큼 성취하지 못한 사람은 인생이 급히 사라져가는 사실을 느끼기만 해도 쉽게 쇠약해진다. 이것이 남성에게 오는 본질적인 갱년기이다. 어떤 이들은 젊은 여인들을 사랑함으로써 자기의 남성다움을 과시해 보려고 하기도 한다. 어떤 이들은 그런 것을 극복해내려고 애를 쓰기도 한다. 어떤 이는 술에 만취하기도 하며, 어떤 이들은 큰 절망 속에 빠지기도 한다. 그러나 정신적인 충격이 큰 경우에도, 외부로부터 자신의 가치를 되찾아 보려고 애쓰게 된다.

여성도 이와 똑같이 영향을 받지만, 여성은 안정감을 얻기 위해 호르몬을 쓰게 된다. 다른 일도 마찬가지이지만, 여성에게 오는 변화는 견디기가 더욱 어렵다. 특히 치료를 받지 않고 그냥 내버려두는 경우에는 말이다.

질문 : 어떤 여성들은 에스트로젠을 일부러 쓰지 않고도 폐경기를 잘 지내던데 무슨 이유인지?

답변 : 이 질문에는 아무도 대답해 줄 수 없을 것이다. 아무도 에스트로젠이 여성의 신경구조에 어떤 영향을 미치는지 모르기 때문이다. 아마도 여기에서 큰 충격을 받지 않는 여성은 난소나 부신에서 충분히 에스트로젠을 공급받기 때문일 것이다. 뇌의 화학적 작용이나 뇌를 작동시키는 물질에 대해서는 알려진 바가 거의 없다. 그러므로 이런 임상적으로 나타나는 증세에 따라서 치료해야 할 것이다.

여성은 모든 동물 중에서 생식능력을 갖고 있는 시기보다 더 오래 살 수 있는 유일한 존재이다. 다른 것들은 임신을 할 수 없게 되면 죽어 버리게 된다.(이것이 당신의 자존심을 세워 주게 될까?), 자기 몸이 잘 유지되어 가고 올바른 마음가짐만 되어 있다면 이 가외로 주어지는 2, 3년간의 시간은 인생 전체에 있어서 가장 의미 있는 만족스러운 기간이 될 수 있다.

질문 : 정서적으로 월경 직전은 폐경기와 같은가?

답변 : 이 두 시기에는 모두 에스트로젠이 감소된다. 자존심이란 것이 에스트로젠과 깊은 관계가 있기 때문에, 여성의 열등감은 이 두 시기에 모두 두드러지게 된다. 이것을 뒷받침할 만한 근거는 없지만 이런 시기에 심한 감정상의 변동을 경험한 여성은 나중에 폐경기가 되어서도 호르몬 요법을 받아야만 할 것이다. 다른 말로 하면 젊었을 때 에스트로젠의 영향을 많이 받는 여성은 중년기에도 그렇게 나타난다는 것이다.

질문 : 피임약은 에스트로젠으로 되어 있으니까 그것을 먹는 여성은 당신이 말한 변화를 느끼게 되는가?

답변 : 그것은 약에 따라 다르다. 에스트로젠과 프로게스틴(합성 프로게스테론)을 20일 동안 병용하고서 멈추면 기분이 아주 침체된 상태로 남게 되며, 그 달 내내 근심 속에서 지내게 될 것이다. 그렇지만 15일간 에스트로젠을 먹고나서 5일 동안 에스트로젠과 프로제스테론을 먹게 되면, 기분은 원래 약을 먹지 않은 경우와 동일하다. 당신이 먹는 피임약과 정서적인 변화에 대해서는 당신의 주치의가 말해 줄 것이다.

질문 : 내 아내는 월경 직전에 긴장이 쌓여서 괴로워하고 있는데, 그런 경우에는 내가 아무리 좋게 말해 주고, 실제로 나쁜 상태가 아닌데도 더욱 화를 낸다. 왜 그런가?

제8장 월경과 기타의 생리적인 문제들

답변 : 당신은 내가 처음 상담을 맡았을 때 얻은 경험과 비슷한 경험을 했다. 그때 28일간 하루도 거르지 않고 내게 찾아온 환자 한 사람은 아직도 기억이 난다. 그녀는 늘 우울해 있고 불안정한 상태였는데, 자신은 자기가 호르몬 때문에 그렇게 되어버린 것을 전혀 알지 못했다. 나는 그녀에게 정말 그렇게 절망적인 것이 아니라고 설명해 주었으며, 며칠 안에 좋아질 것이라고 말해 주었다. 그러나 이런 위로에도 그녀는 더욱 더 실망해서 내게 그 사태를 설명해 주려고 했다. 내가 긍정적인 태도로 말해 주는 것이 더욱 화가 났던 모양이다. 그녀의 문젯거리에 대해 깊이 생각해본 끝에, 나는 내가 아주 큰 실수를 저질렀음을 깨달았다. 너무 간단히 그런 문제들을 생각했기 때문에, 그녀가 내게서 얻고 싶어하는 가장 필요한 것을 내가 주지 않은 셈이다. 그녀는 내게 해결책을 구하러 온 것이 아니라. 자신이 겪고 있는 것을 이해하여 줄 사람을 필요로 해서 내게 온 것이었다. 그녀는 내가 자신의 고통을 이해하여 주기를 바랐지만, 나는 그녀에게 자신이 겪고 있는 문제가 내가 생각한 이상의 것임을 깨닫게 해준 셈이다.

그 후로는 이 여성이 내게 왔을 때, 나는 그녀에게 마음 속 깊이 있는 여러 가지 문제들을 다 표현하도록 도와 주면서, 동조해 주고 이해하는 태도를 보였다. 어떤 경우에는 그녀가 내놓는 것들을 수긍해 주기만 하는 경우도 있었다. 그녀는 40~50분씩이나 울면서 자기는 아무 소망도 없다고 말했다. "도와

주셔서 고마워요. 이젠 기분이 나아졌어요, 오늘 당신에게 이 말을 하지 못했으면 어떻게 해야 할지 몰랐을 거예요." 내가 한 일이라곤 내가 그녀를 이해하고 있음을 보여준 것 뿐이다. 그것으로 충분했던 것이다.

당신의 아내도 이와 같으리라고 믿는다. 이것만으로도 충분한 해결이 될 것이다.

제9장
어린이 때문에 생겨나는 문제

설문지에서 여덟번째로 나타나는 우울증의 원인은 '어린이 때문에 생겨나는 문제'였다. 이런 종류의 문제가 젊은 부인들이기 때문에 이토록 낮은 순위로 여겨지고 있다는 것을 기억해 두기 바란다. 응답자 중에 대부분의 청소년을 둔 어머니였다면, 이 문제는 훨씬 더 중요한 요인으로 좁혔을 것이다.

나는 부모들과 교사를 위해서 두 권의 책을 썼으며 「어린이에게 좋은 성격을 심는 길」과 「아동 및 청소년 교육의 비결」이 두 책은 모두 이 장과 깊은 관계가 있다. 이런 문제에 대해 책을 쓴 사람은 많다. 어린이들 때문에 일어나는 수많은 문제에 대해 백과사전 식으로 나열하는 것은 불가능한 일이기 때문에, 나는 특히 아버지의 역할과 깊은 관련이 있는 부모의 역할에 있어서 몇 가지 측면을 써보려고 한다.

1974년에 '과학적인 미국인'이란 잡지의 8월 호에는 유리 브론휀 브레너 박사가 쓴 '정신병의 기원'이라는 중요한 기사가 실려 있었다. 브론휀 브레너 박사는 현재 미국에 있어 아동 발육에 대한 제일가는 권위자라고 생각되는데, 그분의 견해를 잘 검토해 볼 필요가 있다. 그 글에서 박사는 현재 쇠퇴해 가고 있는 미국의 가정생활과, 그 결속력을 약화시키고 있는 힘에 대해 이야기하고 있다. 더 나아가서 부모의 역할을 약화시키고, 어린이들이 필요로 하는 사랑과 지도력을 주지 못하는 환경에 대해 걱정을 하고 있다.

이런 환경 중의 하나가 '쥐 끼리의 경주'라고 알려진 것이다 (이것은 피곤과 시간에 쪼들리는 문제에서 이야기했다). 브론휀 브레너 박사는 그런 문제를 이런 식으로 나타내고 있다. "식사 때나 저녁시간, 그리고 주말까지도 평일과 마찬가지로 일을 하게 만들며, 다른 사람보다 잘 살기 위해서 혹은 성공하기 위해서 여행이나 이사를 해야 하고, 사람들과 사귀고, 외출하고, 사교적인 모임이나 지역사회에 대한 의무를 다하기 위해서 많은 시간을 보내야 하고…… 이 모든 것이 어린이로 하여금 자기 부모보다는 아기를 보는 사람과 더 많은 시간을 지내야 하도록 만들어 준다."

박사의 말에 따르면 이런 쥐 경주는 아버지의 의무와 바꿀 수 없는 것이며, 그것은 요즈음 실시한 조사에서 나타난 놀라

제9장 어린이 때문에 생겨나는 문제

운 결과로써 잘 나타나고 있다고 한다. 이런 조사를 한 사람들은 중산층의 아버지들이 자기 어린 아이들과 얼마나 같이 놀아주고, 같이 지내는지를 조사했다. 첫째로 그들은 어떤 아버지들을 대상으로 한 살짜리 꼬마와 하루에 몇 시간이나 같이 지내는지 조사한 결과, 15분에서 20분 정도라는 대답을 얻었다. 이 사실을 입증해 보려고 조사자들은 꼬마들의 셔츠 속에 소형 녹음기를 부착해서, 부모들과 이야기하는 정도를 알아보았더니 그 결과는 너무나 충격적이었다. 이 중산층의 아빠가 꼬마들과 같이 지내는 시간은 하루에 10초 내지 15초에 불과했던 것이다. 이것이 바로 현재 수백만 미국 어린이들이 아빠로부터 받는 혜택인 것이다.

내가 인용한 조사에서 밝혀진 것이 전반적인 풍조라고는 생각지 않지만, 현재 깊은 가족 관계를 갖지 못할 만큼 우리의 생활이 바쁘다는 것만은 누구도 부정할 수가 없을 것이다. 아버지들은 오랜 시간 동안 일을 하고 있으며, 그래도 가정을 잘 유지해 나가려고 애를 쓰고 있다. 집에 돌아올 때는 기운이 빠져서 사랑하는 가족을 위해서 쓸 기력은 거의 없는 상태이다. 그래서 어머니들이 혼자서 아이를 돌보아야만 한다. 아이를 기른다는 것은 굉장히 어려운 일이다. 두 사람이 합세를 해도 말이다. 더군다나 혼자서 그 일을 감당하는 것은 더욱더 큰 일이다. 무엇보다도 부모란 것은 죄책감을 느끼기 쉬운 일이다. 아무리 열심히 길렀다고 하더라도 그 의무를 완전하게 해낼 수는 없는 일이다. 어린이들은 너무 복잡해서, 그 속에서 일어나는 여러 가지 질문들에 일일이 대답해 줄 수가 없다. 거기에다가 어린이를 제대로 키우려면 남자의 특징과 여성적인 면이 다 있어야만 한다. 그 꼬마의 정신을 키워주는 데에는 남녀가 다같이 필요한 것이다. 어머니 혼자서 그 역할을 다 해낼 수 없다는 것을 어머니들은 알아야만 한다. 그리고 독신으로 지내며 혼자서 아이를 키운다는 것은 이 세상에서 가장 외로운 일인 것이다.

그러면 여성들은 어떻게 이런 '현세대의 고독'을 이겨낼 수 있는가? 아주 좋은 편은 못되지만, 그 방법이 떠오른다. 내가 말한 그런 절망 상태에서는 마음이 내키지 않는 부모노릇을 집어치우게 된다. '에스콰이어'란 잡지의 최근 호에는 '미국 전체가 자기 아이들을 미워하게 되었는가?'라는 기사가 연재되고 있다. 이 주제가 퍽 흥미로운 것은 내가 관찰해 온 사회적인 추세를 다루고 있기 때문이다. 우리는 극단적인 어린이 중심적인 시기를 경과해 왔으며, 우리 다음 세대까지도 그렇게 될 것이다. 50대와 60대 초반의 어머니들은 아이들에게 제일 좋은 교육을 시키고, 가장 좋은 옷을 입히고, 좋은 태도를 가르치고, 좋은 약을 쓰기 위해서, 온힘을 다 기울여 왔다. 그러나 시계추는 다시 반대편으로 가서 그 풍조는 뒤바뀌었다. 이제는 에스콰이어 지가 말한 대로 미국 여성들은 아이를 키우는 것이 큰 골칫거리이고, 자신을 희생시키는 일로 여기게

제9장 어린이 때문에 생겨나는 문제

되었다. 아기에게 기저귀를 갈아주고, 유치원에서 해주는 일 이외의 자질구레한 잔 심부름을 해주느라고 자신의 시간을 다 써버릴 수가 있겠는가? 이렇게 가치관과 풍조의 변화로 우리의 꼬마들은 소외당하고 있으며, 미움까지도 사게 된 것이다. 나는 직업상으로도 부모 노릇을 달갑지 않게 여기는 사실을 많이 목격했다. 어느 젊은 어머니는 나와 상담을 하면서 "우리 애는 늘 제 발목에 붙어서 제 시간을 죄다 빼앗아 가려고 해요. 그래서 걷어차 버리면서 말했지요. '네가 내 생활을 파괴하려고 하는구나…?'"

통계학적으로 나타난 숫자는 에스콰이어 지가 제시한 가설을 밑받침해 주고 있다. 한 살이 못되어 죽는 아이의 수가 점점 늘어서 1957년부터 1970년 사이에 51퍼센트가 증가했다고 한다. 또한 해마다 200만명 내지 400만명의 아이가 어른들 손에 살해되거나, 화장당하거나, 물에 빠져죽게 된다고 한다.(어떤 어머니는 자기 아이의 눈을 면도날로 잘랐다고 하니까!). 이런 비극적인 사건의 90퍼센트가 안전하고 사랑이 넘쳐야 될 어린이의 집 안에서 일어난다고 한다. 그리고 예상할 수 있듯이, 이런 심한 상해는 혼자서 사는 어머니들 때문에 일어나는 경우가 많다고 하는데, 이것은 오늘날 일부의 젊은 어머니들이 겪는 좌절과 절망을 잘 반영해 주는 것이라 하겠다.

여성 운동가들의 주장에 있어 가장 기본적인 철학관은 여성에 있어 집에 있으면서 아이나 키우는 것만으로 만족할 수가 없다는 것이다. 이런 견해는 여러 곳에서 동조를 얻고 있다. 앞에 말한대로 미국 어머니들의 거의 반 정도가 취업을 하고 있다. 이 비율은 몇 년전에 비해 더욱 증가한 것으로, 특히 미취학 아동의 어머니들 사이에서 더욱 증가된 것이다. 오늘날 6살 미만의 아이를 가진 어머니들은 세 사람 당 한 사람 꼴로 취업을 하고 있는 것으로 나타나 있다. 이런 통계를 보면 정말 무어라 말을 해야 좋을런지 어이가 없어진다. 그러면 이런 다치기 쉬운 꼬마들을 집에서 돌보는 사람은 누구인가? 누가 엄마노릇을 대신해 줄까?

50년 전만해도, 전체 가정 중에서 반 정도는 부모 이외에 다른 어른이 살았다. 지금은 4퍼센트 정도이다. 집에 엄마 아빠 이외의 어른은 없다.

현대의 여성들은 전통적인 가족의 개념을 대신해 주는 주립 탁아소란 편리한 곳에 맡기고서 자기 마음대로 하려고 한다. 거기에서는 제대로 해줄 수가 없다. 여지껏 그런 제도를 시행한 나라치고 성공한 사례가 없다. 나는 다시 한번 더 브론휄브레너 박사의 말에 공감하지 않을 수가 없다. "… 앞서 내가 말한대로 가정에 대한 사회적인 도움을 없애 버린다면 어머니와 여성들은 더욱더 고립될 것이다. 이웃 관계나 공동제도가 붕괴되어진다면 아이를 돌보고 양육하는 책임은 젊은 어머니에게 모두 부과되게 될 것이다. 이렇게 되면 미국의 여성들이 여기에 반대해서 들고 일어날 것이 뻔하다. 나도 그들의 분노

제9장 어린이 때문에 생겨나는 문제

에는 동감하지만, 그들이 주장하는 해결책 중에 몇 가지가 일으키게 될 결과는 두렵기만 하다. 그렇게 되면 이런 보호가 필요한 어린이들을 더욱 고립시켜 놓게 될 것이기 때문이다."

어린이들은 혼자서는 제대로 자랄 수가 없다. 이러한 사실은 얼마 전에 내 사무실에 들렀던 심리 연구가와의 대화를 통해서 다시 한번 깨닫게 되었다. 그는 애리조너의 주립 교도소에 수감된 사람들의 어린 시절에 대해 조사를 했다고 한다. 그와 그의 동료들은 이 수감자들이 가지고 있는 공통점을 찾아내서 그런 반사회적인 행동을 하게 된 동기를 캐보려고 했다. 처음에는 가난 때문일 거라고 생각했지만, 결과는 오히려 예상밖의 것으로 나타났다. 죄수들은 모두 사회 각층의 사람들이었는데, 자신이 저지른 죄가 송구스러워서 그랬는지 가난 때문이라고 했다는 것이다. 그 대신에 그 사람들의 기본적인 특징 한 가지를 발견했는데, 그것은 어린 시절에 어른들과 같이 지낸 일이 적다는 것이었다. 다른 어린이들처럼 그들은 대부분을 자기 또래의 친구들과 지냈거나 아니면 완전히 혼자서 지냈다고 한다. 바로 리 하아비 오스월드와 챨스 맨스이 그랬고 후에 가서 강력 사건을 저지른 범인들 대부분이 이런 환경에서 자랐던 것이다. 그 결론은 불가피한 것이다. 어린이가 자라가는데 있어서 사랑하는 부모의 지도를 대신해 줄 수 있는 것은 없다는 것이다.

이 짧은 이야기를 끝맺으면서 특히 남편되는 사람과 아버지되는 사람들에게 강조하고 싶은 것이 있다. 좀 날카롭게 말한다고 해서 남성들을 비난하거나 무안하게 만들려는 의도라고 오해하면 안 된다. 여러분의 아내가 어머니로서의 모든 의무를 기꺼이 다하도록 만들려면 여러분 자신도 거기에 협조하고 의무를 분담해야만 한다. 아이 때문에 고생한 날은 아내가 당신에게 그런 얘기를 들려주고, 당신에게 이렇게 해주었으면 좋겠다는 식으로 이야기를 해줄 때는 당신도 아내가 아이를 기르고, 가르치고 교육하는 것을 도와야만 한다. 당신이 없는 사이에 축적된 아내의 정신적인 욕구를 충족시켜 주어야 한다. 그리고 적어도 1주에 한번쯤은 아이를 떠나서 지낼 수 있었으면 하는 아내의 마음을 이해해 주어야 한다. 그리고 무엇보다도 중요한 일은 당신의 시간을 좀 할애해서 가족을 위해 쓰는 일이다. 남자에게 있어서 1주에 6일이나 7일 모두 자기 일을 하기가 쉽다. 자신이 좋아하는 일이니까. 이 직업을 통해서 자신의 내면적인 욕구는 충당이 되기 때문에, 하루에 열네 시간도 일할 수가 있는 것이다. 그러나 이렇게 되면 그 남성 하나에게 의존하고 있는 사람들에게는, 무한한 충격을 주는 연쇄반응이 일어나게 될 것이다.

가족에 관해 쓰인 어떤 책에서는 어머니가 집안일 전체에 있어 주도권을 쥐고 있다는 전제를 하고 있다. 저자는 가정 전체의 궁극적인 행복은 어머니가 얼마나 따뜻하게 대해 주고 어떻게 집안 일을 해내느냐에 달려 있다고 말하고 있다. 이런 어머니의 중요한 역할을 하찮게 여기는 것은 아니지만, 행복한 가정생활은 어머니에게서가 아니라 아버지에게서 시작된다고 나는 생각한다. 집안을 잘 꾸려가기 위해서는 어머니 스스로가 만족감과 충족감을 느껴야 한다면, 거기에는 어머니가 사랑하는 남성으로부터의 존경과 도움이 언제나 필요한 것이다.

질문과 답변

질문 : 당신은 탁아소에 대해 강력히 반대하고 있는 것 같다. 그러면 미취학 아동을 돌보는 유치원 교육이나 사전 교육도 반대하는지? 이 두 가지 사이에는 어떤 차이가 있나?

답변 : 퍽 중요한 질문을 했다. 이 점에 있어서는 명백히 해놓아야 하겠다. 유치원이나 기타의 취학 전의 교육은 탁아소라는 것과 전혀 다른 의미를 갖고 있다. 유치원이라는 것은 어린이에게 사회생활에 적응하는 방법을 가르쳐 준다는 점에서 굉장히 중요한 것이다. 어린이들은 인형을 나눠주고 선생님의 지시에 따르면 단체로 행동하는 법을 배우게 되며, 가장 기본적인 교육을 받게 되는 것이다. 내 아들 녀석도 집 근처에 있는 유치원에 나가고 있지만, 이런 유익한 것을 많이 얻고 있는 것 같다. 내게 있어서 좋게 보여지는 이 제도와 나쁘다고 여겨

지는 탁아소 제도에는 세 가지의 커다란 차이가 있다.

첫째로는, 그런 데에서 아이가 보내는 시간 수가 다르다는 것이 중요하다. 하루종일 일하는 엄마라면, 일주에 45시간 내지 50시간을 세 살짜리 꼬마가 그곳에 있어야만 한다(엄마가 점심을 먹는 시간과 출퇴근하는 시간을 근무시간에 더해서 말이다). 나라면, 세 살짜리 꼬마가 학교라는 데에 3일만 가 있는 것도 못보아 줄 것 같다. 2일 정도라면 모르지만 말이다.

두번째로, 직장을 갖지 않는 엄마들이 꼬마를 보내는 유치원에서는 엄마들이 다른 사람들과 마찬가지로 시장을 보러 가고, 볼링을 하든가, 그밖에 다른 오락을 하게 만들어 주며, 그것 이외에도 아이들로부터 잠시라도 손을 뗄 수 있게 해준다. 잠깐씩 엄마의 짐을 덜어주고, 아이를 감독하지 않아도 되게끔 해주는 셈이다. 그런데 탁아소에서는 엄마가 일을 하도록 만들어 주고 있다. 즉, 꼬마를 데리러 올 때 쯤이면 이미 엄마는 기운이 빠져있는 상태가 되는 것이다.

세번째로 예비 학교나 유치원에서는 세 살 아래의 아이는 받지 않지만 탁아소는 그렇게 하고 있다. 내 생각으로는 아이가 세 살이 되기까지는 이 세상의 그 어느 것도 엄마의 품속을 대신해 줄 수 없다는 것이다. 이 점에 있어서는 내게 동조하는 사람이 적다는 것을 알지만 그것은 내게 있어 아무런 상관이 없는 일이다. 이런 생각을 강력히 주장하지 않는다면 나는 내 자신을 속이는 결과가 될 것이다.

질문 : 엄마가 아이와 함께 얼마 동안이나 오래 지내느냐가 문제가 아니라, 어떻게 풍부하게 시간을 보내느냐가 문제라고 보지 않는가?

답변 : 그 말은 집에서 아이와 같이 지내는 일이 적은 부모가 죄책감을 덜기 위해서 인용하는 말이다. 이 말은 맞는 말이지만(아이에게 좋은 교육도 시키지 않으면서 오랜 시간을 같이 지내주는 것보다는 짧은 시간이라도 뜻깊게 지내주는 것이 더 낫다는 것) 직장을 갖고 있는 어머니들과 깊은 관계가 있는 것 같지는 않다. 직장이 있는 어머니가 아이와 같이 보내는 저녁나절 몇 시간이 하루 종일 집에 있으면서, 아이와 같이 지내는 엄마에 비해 질적으로 낫다고는 말할 수 없는 것이다.
오히려 직장에서 얻은 피로감 때문에 그 반대 현상이 생겨날 것 같다. 어쨌든 왜 이 두 가지 중에서만 생각을 하는가? 아기들에게 질적으로 양적으로 풍부하게 해주도록 하자

질문 : 초등학교에 다니는 어린이를 둔 어머니가 직장에 나가는 문제는 어떻게 보는가?

답변 : 좀 너그럽게 보아줄 수는 있지만, 내 생각은 어머니들이 하루 종일 직장에서 일하지 않는 경우에만 가정생활이 원만하고 만족스럽게 이루어질 수 있을 것 같다. 가장 중요한

점은 꼬마가 학교에서 돌아왔을 때 집에 있어야 한다는 것이다.

질문 : 아빠로서의 역할을 더 잘 해낼 수 있도록 도움되는 책 몇 권을 소개해 달라.

답변 : 먼저, 헨리 밀러와 데니스 메레디스 씨의 「아빠의 능력」을 추천하는데, 여기에서는 지금까지 말씀드린 아빠의 중요성과 이 역할을 잘 해나갈 수 있는 방법이 나와 있다. 두 번째로는 제임스 휫저어 도드슨 박사의(도드슨 박사와 나는 가끔씩 혼동을 한다. 처음 다이너 쇼어 프로에 출연했을 때, 나는 더더슨 박사로 소개를 받았기 때문에 우리는 서로 혼동을 당하지 않도록 애쓰고 있다. 이 사실을 알아주기 바란다. 이 세상에는 이런 혼란을 겪는 사람들이 많을 것이다). 「아빠가 해야 할 일」을 읽으면 좋겠다.

질문 : 엄마 노릇과 주부 노릇이 싫증나고 따분한 일이라고 말하는 사람들에게는 어떻게 답변해 주겠는가?

답변 : 그것은 옳은 말이다. 이 세상 어느 직업이라도 싫증이 나게 마련이다. 하루 종일 코드를 꼽았다 뺐다하는 전화 교환수의 일은 얼마나 재미가 있겠는가? 아니면 아침부터 밤까

지 현미경 슬라이드와 세균 배양한 것을 들여다 보아야 하는 병리학자나, 일생 동안 이를 긁어내고 해박고 또 긁어내고 해박는 치과 의사나, 꽉 막힌 도서관에서 먼지가 묻은 책을 만져야하는 사서직, 매일 책을 쓰기만 하는 작가 등 어느 것이나 마찬가지다. 직장생활을 하면서 매일 가슴이 두근대는 기대를 경험하는 사람은 거의 없을 것이다. 지난 주에 워싱턴 시를 여행했을 때, 호텔의 내 방 바로 옆에는 유명한 첼리스트가 들었는데, 그는 그날 저녁, 고전 음악 연주회에 나가도록 되어 있었다. 나는 몇 시간 동안이나 계속해서 그가 연습하는 소리를 벽을 통해서 듣게 되었다. 그가 아름다운 교향곡을 연주하는 것은 아니었다. 그는 음계 연습을 반복하고, 또 연습을 반복했다. 이 연습은 이른 아침부터 연주회 시간까지 계속되었다. 그날 저녁 그가 무대에 나섰을 때 아마도 청중들은 이렇게 생각할 것이다. '정말 멋있는 인생이지!'

멋은 좀 있겠지만, 나는 우연한 기회에 그가 외로운 호텔 방에서 첼로를 가지고 온 종일 연습했다는 것을 알게 된 것이다. 여러분도 아시다시피 악기라는 것은 지독히 이야기를 좋아하는 물건이다. 주부나 엄마의 역할도 만일 다른 모든 성인의 세계로부터 단절된 상태에서 하게 된다고, 이 세상 다른 어느 직업보다도 싫증나는 것임에는 틀림이 없다. 그러나 주어진 과제의 중요성에 있어서 새로운 인간에게 의무감을 채워주고, 그 성격을 형성시켜 주는 일만큼 귀중한 일은 없을 것이다.

어머니들에 대해서 더욱 중요한 면을 한 가지 더 생각해 보자. 여러분은 언제까지나 현재의 일에 묶여 있게 되는 것은 아니다. 여러분의 아이들은 곧 자라날 것이고, 현재 여러분이 걸머지고 있는 책임도 언젠가는 희미한 옛일로 되어버릴 것이다. 아무리 어렵더라도 현재의 순간 순간을 즐겁게 받아들여 그런 중요한 일을 제대로 끝마쳤을 때에, 큰 기쁨을 누릴 수 있게 되기를 바란다.

질문 : 남성이 집안 일을 거들고 식사 준비같은 것을 돕는 것에 대해 어떻게 보는가?

답변 : 그 점에 있어서는 전세계의 여성들의 호응을 받진 못할 것 같다. 나로서는 직장에서 하루종일 일을 하고 온, 남성이 집에 와서 아내의 일까지 해주어야 한다는 것은 탐탁치 못한 것 같다(아내가 직장을 갖지 않았다고 하는 경우에만 말이다). 보잘것 없이 생긴 자기 남편에게 매일 요리를 시키고, 설거지를 하도록 위협하는 여성을 알고 있는데, 내가 앞서 말한 것은 이런 것을 가리켜서 쓴 것은 아니다. 물론 사랑이 많은 남편이 자기 아내가 무리하지 않도록 배려를 해서 도와줄 수는 있다. 내 경우에는 아내가 내게 자기 일을 해달라고 요구하면 으레 거절한다. 내가 자진해서 돕는 것은 좋아하기 때문에 가끔 하지만……

제9장 어린이 때문에 생겨나는 문제

　앞서 말한 일을 분담하는 것은 어린이를 다루는데 있어서 해당되는 것은 아니다. 아이를 키우는 것이 엄마 혼자에게만 부과된 책임은 아니니까!

　어린이들에게는 엄마 뿐만이 아니라 아빠도 필요하다. 그래서 나는 여지껏 아내를 좋게 해주기 위해서 아이들과 같이 놀아준 적은 없었다. 내가 집에 있는 경우에는 저녁마다 아이들을 재울 준비는 내가 시킨다. 이를 닦아주고, 목욕하라고 말해주고, 라이언에게 파자마를 입혀주고, 기도를 해주고, 꾸물거리는 꼬마들에게 물 여섯잔 씩을 떠다 준다.

　이런 일들을 매일 매일에 있어서 아이들과 지내게 되는 짧은 순간이기 때문에, 나는 그 시간을 재미있게 보내려고 애를 쓴다. 라이언이 기저귀를 찰 때에는 밤마다 핀을 가지고 놀이를 했다. 나는 핀에게 기저귀 속으로 들어갈 때, 라이언을 찔러서는 안 된다고 말을 해준다. "꼬마, 라이언을 찌르면 안돼." 나는 말한다.

　"얘는 그리 나쁜 애는 아니거든, 막 몸을 꿈틀거리지도 않으니까, 너도 잘 해줘야 돼." 언제나 라이언은 기저귀를 차게 되면 몸을 흔들어 대서 채우기가 힘들었다. 그러면 나는 핀 끝으로 라이언을 조금 찌르면 라이언은 깜짝 놀라서 말한다. "이 나쁜 핀이 날 찔렀어. 아빠!" 그러면 나는 핀을 꾸짖어 주고 다시는 그래서는 안 된다고 말해 준다. 라이언은 좀처럼 이런 장난에 싫증을 내지 않았기 때문에 밤마다 나는 '핀에게 이야기하는 놀이'를 해야 했다. 꼬마들은 매일 매일 되풀이 되는 장난을 좋아한다. 그리고 이런 경험을 통해서 친근감이 생겨나게 된다. 이런 일을 해줄만한 시간이 없을 때를 빼고는 말이다.

질문 : 지금까지 우리가 생각해 온 것처럼 이혼이란 것이 아이를 삐뚤어지게 하는가?

답변 : 어린이들은 탄력성을 가지고 있어서 어떤 큰 상처나 위험에서부터 원상태로 돌아오려는 경향이 있게 된다. 물론 자신이 경험한 갈등이나 보호자인 부모가 얼마나 현명한 태도로 사태를 처리하는냐에 따라서 달라진다. 그러나 일반적으로 볼 때, 어린이에게 있어 이혼이라는 것은 너무나 큰 어려움이다. 코미디언인 조나단 윈터즈 씨는 TV의 인터뷰에서 이 사실을 확증해 주었다. 사회자가 윈터즈 씨에게 어린 시절에 대해서 묻자, 그는 갑자기 이상스러울 정도로 심각해지는 것이었다. 그는 그가 7살이 되었을 때 가정이 파괴되었으며, 거기서 받은 충격이 얼마나 컸던지에 대해 말을 했다. 다른 아이들이 그에게 아버지도 없는 아이라고 비웃었기 때문에 자기는 분개할 수밖에 없었다고 한다. 그는 자기를 괴롭히는 아이들과 싸우려고 그 얼굴에 주먹을 갖다 대었지만, 아이들이 가버리고 나서는 나무나 건물 뒤에 숨어서 울었다고 한다. 윈터즈 씨는 그후에야 자신의 고통을 웃어 넘기는 법을 배웠지만, 어른이

되어서도 그의 재치가 슬픔에 대한 반응이라고 시인했다.
　가정이 무너진 아이들은 어떤 방법으로나 자기의 상황을 이겨나가는 법을 배우게 되지만, 그때에 받은 정서적인 충격은 쉽사리 잊혀지지 않는 법이다.

　질문 : 앞으로 2, 3년간 우리의 갓난아기를 기르는데 있어 도움이 될만한 지침같은 것을 들려 주겠는가? 여기에 관한 서적이 많다는 것은 알지만, 그 대부분이 지적하고 있는 점은 무엇인가?

　답변 : 하버드 대학의 인체 발육 실험소에서 일하는 사람들이 만들어 놓은 지침서가 도움이 될 것 같다. 거기에는 해야 할 일 9가지와, 해서는 안될 일 13가지가 나와 있는데, "오늘의 건강"이라는 데에 인용이 되어 있다.
　전문가들의 말에 따르면 아이들은 가능한 한 안에서 자유롭게 커야 한다고 한다. 이 자유라는 것은 아이의 호기심을 유발시키고 자기의 세계를 탐구할 수 있는 최대의 기회를 주는 것이다. 그러나 이것은 절대 안전한 범위 내에서만 가능하다. 좋은 책이나 값비싼 화병은 높다란 선반에 얹어야 하고, 그 대신 낡은 잡지나 기타 장난감들은 손닿는 곳에 놓아야 한다. 부엌의 낮은 찬장 속에는 위험한 것이나 깨지기 쉬운 것을 놓지 말아야 한다.

또한 아이가 깨어있는 시간 동안에 최소한 반 이상은 엄마가 같이 놀아 주어야 한다고 말하고 있다. 전적으로 엄마의 시간을 아이에게 바쳐야 한다는 것이 아니라, 가까이 있으면서 주의를 기울여 주고, 도와 주거나 부축해 주면 된다.

아이가 엄마의 주의를 끌고 싶어할 때는 엄마는 다음과 같이 해주어야 한다.

1. 가능한 한 빨리 제 때에 응해 주어야 한다.

2. 아이가 무엇을 하려고 하는지를 알아 차려야 한다.

3. 어느 정도는 제한하고 공연한 부탁을 들어 주어서는 안 된다.

4. 언제든지 용기를 북돋아 주고, 기뻐해 주면 도와준다.

5. 가능한 한 자주 아이에게 이야기를 건다.

6. 아이가 알아듣게 말을 해야 한다. 낯선 단어같은 것을 익혀 주도록 한다.

7. 연상을 할 수 있는 단어들을 쓴다. 아이가 공을 보여주면 "공을 던져 봐"하고 말하는 것이다.

8. 때에 따라서 거기 필요한 만큼만 시간을 내준다. 아무리 몇 초만에 끝나는 것이라도 말이다.

9. 칭찬을 해준다.

또한 엄마들이 아이들과 같이 놀이를 시작해 주어야 하는 시기가 있다. 아이가 싫증을 내면 엄마가 다른 일거리를 주어야 한다. 아이가 잘못을 저지르면 엄하게 버릇을 가르쳐야 한다. 위험한 짓을 해보려고 하면, 예를 들어 계단을 올라가거나 한다면, 아이를 막는 것보다는 잘 감독하는 것이 중요하다.

경험을 통해서 전문가들이 권하고 있는 다음 항목은 엄마가 하지 말아야 할 일이다.

1. 너무 오랜 시간 동안 규칙적으로 아이를 가두어 두어서는 안 된다.

2. 엄마 곁을 맴돌면서 혹은 엄마 뒤를 따라다니는데 시간을 다 보낼 정도로 엄마에게만 신경을 쓰지 않도록 해야 한다. 특

히 두 살 정도에는 더욱 그렇다.

3. 엄마의 주의를 끌어보려고 애쓰다가 끝내 엄마에게 짜증을 부리게 되도록 아이에게 무관심해서는 안 된다.

4. 매일 '안 된다'는 말만 한다고 해서 아이가 엄마를 사랑하지 않을까봐 걱정하지는 말라.

5. 아이와 언쟁을 해서 이기려고 해서는 안 된다. 특히 아이가 엄마 말을 안 듣게 되는 두 살 반 정도에서 부터는 더욱 그렇다.

6. 아이가 집안을 어질러 놓는 것을 막으려고 해서는 안 된다. 그것은 아이가 건강하고 호기심이 많다는 뚜렷한 증거이다.

7. 아이를 지나치게 보호해서는 안 된다.

8. 아이에게 강압적인 태도를 취해서는 안 된다. 안전한 범위 내에서는 아이가 하고 싶은대로 하게 내버려 둬라.

9. 이 시기 동안에는 직장생활이나 기타 아이를 돌보지 못하

게 되는 일을 삼가는 게 좋다.

10. 할 수만 있다면 아이가 싫증을 느끼지 않도록 해준다.

11. 언제 읽기를 배우고, 셈을 배우고, 알파벳을 익히게 될런지에 대해서는 너무 염려하지 말라. 자라가면서 점점 말을 알아 듣는 것이 나아진다면, 말을 천천히 한다고 걱정할 필요는 없다.

12. 대소변 가리는 것을 너무 강요하진 말라. 두 살이나 그 이후가 되면 쉽게 배워진다.

13. 지나치게 아이를 귀여워만 해서 비뚤어지지 않도록 한다. 세상 전부를 자기 본위로만 생각하게 될지 모르니까.

제10장
노년기에 대한 소고

주의 : 여성들의 우울증을 일으키는 공통되는 요인 중에서 시부모와의 갈등은 9번째로 나타났다. 이 문제는 마지막 장에서 이야기하기로 하고, 먼저 10번째 요인으로 나타난 노쇠에 대해 이야기할까 한다.

몇 달 전에 나는 우리집 아이들 둘과 라이언의 친구인 세 살짜리 케빈을 태우고 집 근처를 달리고 있었다. 모퉁이를 돌면서 우리는 허리가 굽고 다리를 심하게 저는 노인 옆을 지나가게 되었다. 그 노인이 어떤 기분일까에 대해서 이야기를 하다가, 나는 그 꼬마들에게 장차 자기들도 그렇게 될 것이라고 말해 주었다. 이 짧은 말 한마디가 케빈에게 큰 충격을 주었는지 그 아이는 그것을 받아들이려고 하지 않았다.

제10장 노년기에 대한 소고

"난 늙지 않을 거야!" 그는 내 예측을 꺾어 보려는 듯이 말했다.

"이것 봐라, 케빈, 우리도 그렇게 오래 살다보면 늙는 거란다. 누구든지 그렇게 되는 거야."

내가 말해 주자 그는 다시 눈을 둥그렇게 뜨면서 반대했다. "그렇지만 난 안 그럴 거야!"

나는 다시 아이에게 아무도 그렇게 되지 않을 수 없다고 설명해 주었다.

케빈은 아무 말도 없이 15초 가량 앉아 있더니 갑자기 공포에 떨면서 말하는 것이었다. "그러나 난 늙지 않을 테야."

나는 말했다. "그래 케빈, 알았다."

이렇게 '젊고 좋은' 상태로 있을 수 없다는 사실이 이 설문에 답한 여성들에게 있어서 열번째로 가는 우울증의 원인으로 나타나고 있는 것이다. 다시 한번 말하지만, 젊은 여성들은 이런 생각에 큰 영향을 받고 있는 것이다. 그러나 몇 년만 지나면 이런 경향이 더욱 심해질 것이 분명하다. 매일 매일 시들어 가는 자신의 모습을 보는 일이 괴롭게 여겨지게 될 것이며, 특히 자기가 언젠가는 죽게 될 것이라고 깨닫게 되는 날에는 더욱 그런 것이다. 아무도 살아서 이 운명을 벗어날 수는 없는 것이다.

자기 집의 앞뜰에서 흔들의자에 앉아 있었던 할머니 세 분의 이야기를 들은 적이 있다. 한 분이 다른 분에게 말했다. "여봐요, 난 전보다 귀가 잘 들리지 않아. 앞으로는 더 그렇게 될 것 같애. 그렇지만 이제 더 이상 듣고 싶은 것도 없으니 다행이지."

두번째 할머니가 말했다. "난 눈이 그렇다네. 무엇하나 똑똑히 보이질 않구 흐릿하거든. 그렇지만 상관없어. 보고 싶은 것은 젊었을 때 다 보아 두었거든."

그러자 세번째 할머니가 얼마 후에야 말을 했다. "나는 그런 것도 모르겠는 걸. 나는 마음이 어두워졌어."

이 세상 사는 사람들은 누구에게나 닥쳐오는 이 이야기에 대해서 우리는 웃어버릴 수가 있다. 그러나 곧 그렇게 되어버릴 것이다. 그때가 되면 얼굴을 잘 씻는다 해도 마음이 벌써 흐려지기 시작한다. 그러나 나는 무엇보다도 노년기에 가서 고독감과 단절감 속에 감금되어 있는 사람들에게 깊은 동정을 느낀다. 생리적으로 보면 여러 가지로 나이가 들어가는 증세가 나타나기 시작하게 되며, 무엇보다도 먼저 감각 기관에서부터 그런 증세가 나타나기 시작한다. 맨처음에는 보고, 듣고, 느끼고, 맛을 보고, 냄새맡는 것이 둔해지기 시작한다. 그 다음에는 심혈관계가 약해지고 근육과 관절이 말을 듣지 않게 된다. 이런 때는 제대로 움직여 주지 않는 신체 때문에 마음까지도 묶여버리기 때문에 견디기 어려운 시기이다. 마침내 몸이 노쇠해가는 마지막 단계로서 뇌의 신경세포들이 죽어가며 정신적으로는 이성을 잃어가게 된다.

내가 소년시절부터 애송해 온 불후의 명시를 통해서 올리버 웬델 호움즈 박사는 노년기를 분석해내고 있다. 이 시에서는 자기 친구들과 사랑하던 사람마저 떠나보낸 채 '나뭇가지 위 이 마지막 잎새'처럼 큰 가지에 매달려 있는 한 노인을 노래한 것이다.

전에 그를 본 적이 있네
내 집 앞을 지날 때에
그리고 다시 한번
보도에 깔린 돌들이 되울리네
지팡이 짚고 땅 위로 비틀거리며
가는 그의 뒷전에.

시간이란 예리한 칼이
그를 무참히 베어버리기 전
한창 때에는
이 세상에 둘도 없는 사나이였다고
사람들은 말하고 있네
마을을 돌 때마다
퍼지던 환성
아직도 귀에 남아 있노라고.

이제는 거리를 걸어도
마주치는 건
슬픔과 창백함 뿐
떨리는 손을 흔든다 해도
그건 마치 "모든 게 사라졌다"고
말하는 가냘픈 목소리일 뿐
이끼긴 대리석도
그가 입맞춤한 입술자국도 그대로
남아있을 뿐,
듣고 싶어하던 이름들도
몇 해 동안 무덤 위에
새겨지고 말았네.

오래 전에
돌아가신 초라한 노부인
우리 할머니는 말씀하셨지
로마식 콧날에다
눈 위에 핀
장미꽃같은 뺨을 가진 남자라고

이제는 그의 콧날도 가늘어지고
지팡이처럼 초라하게

턱 위로 남아 있다네
허리는 굽어지고
그 웃음소리도
서글픈 쉰 목소리 뿐
여기 이렇게 앉아
그를 보며 괴로워하는
내 자신이 죄스럽기만 하네
하지만 낡은 삼각모며
그 뒷모습 모두가
이상하기만 하네.

나 또한
봄철에
나무에 걸린 마지막 잎새처럼
살게 된다면
나도 이런 웃음거리가
되어 주리라
외롭게 남겨진 가지 끝에 매달려서…

    이 노인은 외로운 가지 끝에 매달린 잎새가 아니다. 다른 곳에 있는 나무에도 또 있는 것이다. 이 노쇠에 대해 다룬 TV프로를 나는 잊지 못할 것이다. 그 프로는 시청자의 기억 속에 쉽사리 사라지지 않을 특별난 기록 영화였다. 이 반시간짜리 프로의 주인공은 엘리자베스 홀트·하아트훠드라는 여든 여덟살된 할머니였다. 그 할머니는 로스앤젤레스의 빈민가 낡은 호텔에서 좁은 방 하나를 얻어 살고 있었다. 그 영화에서는 도시의 중심가에 살고 있는 가난에 찌들고 병든 늙은이의 어려움을 극화시키기 위해서 하아트훠드 할머니를 카메라로 잡은 것이다. 나이 때문에 주름이 잡히고, 허리는 굽었지만 하아트훠드 할머니는 아주 명랑하고 표정이 풍부했다. 그녀의 말은 아직도 내 귀에 생생하며 마치 이렇게 말해주는 것만 같다. "여러분은 저를 늙은 여자로만 보겠지만 저는 여러분에게 말해주고 싶은 게 있습니다. 그것은 바로 현재의 제 마음입니다. 저는 변하지 않았습니다. 저는 단지 늙은 할머니의 모습 속에 갇혀 있고, 거기서 벗어날 수가 없을 뿐입니다. 그것이 제게는 고통스러운 일이지만 무엇인가를 해보려고 할 때마다 곧 피곤하게 만들어 줍니다. 실제의 저는 여러분들이 보는 모습이 아닙니다. 저는 이 낡은 몸 안에 갇힌 죄수일 따름입니다."

엘리자베스 홀트 하아트훠드 할머니는 이제 갇혀 있는 사람은 아니다. 몇 달 후에 죽어서 그 화장된 재는 그녀가 살던 호텔 부근의 화단에 뿌려졌다.

이 점에 있어서 여러분들과 함께 나 개인의 생각을 나눠 볼까 한다. 죽음 저편에 있는 영원한 생명에 대한 기대는 덮어두고 볼 때, 노년이라는 것에는 보상이나 위로가 거의 없다. 그것은 고독과 질병, 빈곤과 거의 없어진 자신감으로 둘러싸인 낡아빠진 시기이다. 다르게 보이려고 하는 것은 노인들의 껍질속에 숨어있는 현실을 부정하는 것이다. 바로 그때에는 죽음이 찾아 오지 않는 것처럼 보여진다. 죽음은 항상 너무 빠르거나 너무 늦게야 닥쳐오기 마련이다. 그렇지만 죽음 뒤에는 더 새롭고, 더 좋은 세계가 있다고 믿는 행복한 기독교인들에게 있어서는 이런 암담하고 염세적인 것 대신에 큰 기대와 소망을 품게 된다. 마지막 장엄한 시작인 것이다. 내가 그때까지 살게 된다면 나도 그런 확신을 가진 노인이 되고 싶다.

우리 아버지는 내 어린 시절 뿐만이 아니라 어른이 되어서까지, 내게 큰 영향을 주신 분이다. 아버지는 얼마 전에 내게 이런 말씀을 해주셨다. 아버지 자신도 젊었을 때에는 영생이란 것이 그리 큰 문제로 여겨지지 않았다는 것이다. 젊음을 즐겼을 뿐, 죽음 뒤에 오는 것에 대해서는 얇은 껍질이나 여러가지 오물로 둘러싸인 진주만큼도 여기지 않았다는 것이다. 그 진주의 아름다움이란 것은 짐작만 갈 뿐, 뚜렷하거나 실제로 느껴볼 수는 없는 것이다. 그렇지만 나이를 먹어 갈수록 여러 가지 심장병 등의 고통을 경험하게 되면서, 차츰 그 영생이라는 진주를 싸고 있던 껍질이 한 겹씩 벗겨져가기 시작했던 것이다. 지금 그것은 우리 아버지에게 있어 그 어느 것보다도 값비싼 존재가 되었다.

끝으로 나이를 먹어가는 데 있어서의 남성과 여성의 관계에 대해 생각해 보기로 하겠다. 여성에게 있어 40대, 50대, 60대로 나이를 먹어 갈수록, 남편으로부터 가장 얻고 싶은 것이 무엇이겠는가? 그것은 젊었을 때에 필요로 했던 사랑과, 존경을 확신하고 싶은 마음인 것이다. 이것이야말로 완전히 자신을 바치는 사랑의 아름다움인 것이다. 남자와 여자 두 사람이 친구와 동료로서 좋은 일과 나쁜 일을 같이 겪을 수가 있는 것이다. 이에 비해 젊은이들이 주장하는 '성해방'과 서로에게 속하지 않는 사랑은, 노년기에 가서 남을 이용해 먹고 관계를 끝내 버린 기억 밖에 나지 않을 것이다. 오늘날 만연되고 있는 근시적인 사고방식은 그 종말을 다 내다볼 수 있는 가치없는 것이다. 자기 의무를 다하는 사람은 값비싼 존재이며 그리고 더욱 나이가 들었을 때, 더욱 큰 대가를 기대할 수가 있는 것이다.

제11장
맺는 말

윈스턴 처어칠 경은 이런 말을 했다. "책을 쓰는 것은 커다란 모험이다. 시작할 때는 장난감이나 오락 기구같이 느껴지지만 조금 지나면 여주인으로 변하고 그 다음에는 주인으로, 그래서 마침내는 폭군이 되어 버리는 것이다. 마지막 단계에 가면 복역기간이 끝나게 되어 우리는 그 괴물을 죽여 대중에게 넘겨주게 되는 것이다."

이 책을 쓰면서 나는 처어칠 경이 말한 과정을 겪어 왔는데, 이제는 전국의 서점에 이 죽은 괴물을 내놓을 준비가 다 되었다. 그러나 내가 말하고 싶은 것이 아직도 남아있는데, 이것은 특별히 여성들을 위해서 말해 주고 싶은 것이다. 이렇게 하는 목적은 여성들이 느끼는 그대로를 표현하지 못하고 있는 좌절과 욕구를, 남편들에게 고하는 것이다. 그러나 이 마지막 장에서는 여성들에게 여러 가지 불리한 환경 속에서 정서적으로 원만하게 균형을 유지해 갈 수 있는 방법에 대해 직접 말해 주고 싶다.

　1966년 처음으로 병원의 사무실로 차를 몰고 가면서, 의사 전용 주차장이 바로 길 건너에 자리잡은 아파트의 창가에 항상 서 있는 잘 생긴 남자 하나를 보게 되었다. 아침마다 거기에 서 있는 남자는 사십대 정도로 보였는데, 내가 지나갈 때면 똑같은 창문에 나타나곤 했다. 하루 일을 마치고 나면 갈 때에도 거기에 있었으며, 내가 미소를 지어 보이면 비슷한 태도를 취하곤 했다. 이상하게 들릴지 모르겠지만, 우리 사이에는 인사 한번 나눈 적이 없고 서로에 관해 아무 것도 모르고 있으면서도, 친우 관계가 이루어지게 되었다.

　마침내 호기심에 못이겨 나는 그 남자와 더 친숙해지게 되었다. 어느날 정오에 나는 사무실을 나와 웬지 마음이 끌리는 이 친구가 사는 건물로 가서, 어두운 층계를 올라가 2층으로 갔다. 문을 두들기자 창문에서 보던 남자가 나타났다. 그는 자기 이름을 토미라고 소개를 하면서 방이 두 개 달린 아파트 안으로 들어오도록 권했다. 그리고는 자기 이야기를 들려 주었다. 6년 전 심한 관상 동맥 혈전증이 생기기 전까지 그는 아주 유능한 공무원이었다고 한다. 그는 심장병에다가 폐기종과 그 밖에 여러 가지 질환이 겹쳐서 일을 할 수 없게 되었다. 나는 그의 오른팔이 기형적으로 생겨서 왼쪽 팔보다 작은 것을 보았다. 토미는 이 적은 아파트조차 겨우 얻을 수밖에 없게 되었다. 그는 결혼도 하지 않았으며 친구나 친척도 없는 것 같았다. 그는 결국 두 칸짜리 집에 갇혀서 혼자 고립되어 사는 신세였던 것이다.

토미의 이야기 중에서 가장 아름다운 부분은, 그가 그런 비극을 견디어 내기로 작정한 방법인 것이다. 그는 이 세상 누구보다도 우울해 있고 낙담할 수밖에 없는 사람이지만, 그는 확신과 낙천주의로 살고 있는 것이다. 그는 출퇴근하는 사람들만이라도 가능한 한 많이 사귀려고 마음먹었는데, 그것이 그에게 있어서 사회생활의 전부였던 것이다.

나는 말했다. "내가 당신을 위해서 무슨 일을 할 수 있지요? 무엇이 필요합니까? 어떻게 하면 당신을 도울 수가 있는지요?" 그는 대답했다. "선생님의 제의는 고맙지만, 나는 아무 것도 필요한 게 없어요."

우리의 대화 속에서 자기 연민같은 것은 전혀 없었으며, 자기를 환자 취급하지 말도록 부탁했다. "당신의 상태 때문에 용기를 잃어 본 일이 있습니까?" 하는 나의 물음에 대해 그는 사는 것이 어렵게 느껴진다는 대답밖에는 하지 않았다.

토미는 말했다. "네, 아침에 모든 사람들이 출근할 때면, 저는 하루를 시작하며 그 사람들에게 인사를 하지요. 그러나 그 사람들이 집으로 갈 때는 작별 인사를 하면서 약간은 우울해

집니다." 그것은 내가 들은 말 중에서 유일한 부정적인 대답이었다. 토미는 자기 인생을, 있는 그대로 받아들이기로 결심한 것이다.

15년 이상이나 토미는 거리의 소음과 차량을 바라보면서 있었고, 나와는 좋은 친구로 지냈다. 나는 올해 1월 3일에 그의 방 밑에 차를 세워두고서 짧은 성탄절 휴가를 다녀온 후, 처음으로 그에게 인사를 하려고 갔다. 생각해 볼 것도 없이, 나는 친구들끼리 나누는 신년 인사대로 "휴가를 잘 보냈습니까?" 하고 물었다.

그러자 토미는 "네, 굉장히요"하고 대답했다.

얼마 뒤에야 나는 그가 성탄절을 혼자 그의 방에 틀어 박혀서 아래로 지나가는 바쁜 인파를 보며 지냈다는 것을 알게 되었다.

몇 주 지나지 않아서 토미는 창가에 나타나지 않았다. 두번째 아침에도 그는 없었다. 나는 주차장의 수위를 통해서 그가 지난 주말에 죽었다는 것을 들었다. 내 친구는 이미 죽었으며 그 장례식도 끝났을 때였지만, 그 장례식에는 한 사람이라도 갔었는지 의문이다. 요즈음도 나는 그 아파트 옆을 지날 때마다, 나는 토미가 마지막으로 남겨준 말을 다시금 듣는 것만 같다. "네, 굉장했지요."

토미의 이야기를 하는 것을 우울증이란 것은, 보는 관점이 문제라는 것을 말하기 위해서이다. 무슨 일이든지 주어진 위

제11장 맺는 말

 치에서 어떻게 생각하느냐에 따라 다르게 보이기 마련이다. 나는 '한 밑천 잡기'라는 프로에서 3,000 달러를 탄 부부를 보았는데, 그들은 12,000 달러 짜리 자동차를 타지 못했기 때문에 기진맥진해서 집으로 돌아갔다. 만일 몬티 홀이 길거리에서 그들을 만나서 3,000 달러를 주었다면 그들은 기뻐서 어쩔 줄 몰라 했을 것이다. 그런데 그 사람들은 좀더 나타나지 못했다는 것이다. 그런데 그 사람들은 좀더 타지 못했다는 것이 분해서 낙담한 것이다. 정말로 그것은 생각하기 나름이다.

 맥콜 잡지에서 여성들이 두려워하는 할퀸 자국을 없애 준다는 상품을 광고하는 내용이 조그맣게 기재되어 있었다. 그 광고는 젊은 부인의 증언을 적고 있었는데, 그녀는 이런 말을 하고 있었다. "저는 아이가 둘이 있지만 다리와 몸통, 그리고 가슴에 할퀸 자국이 있기 때문에 늘 언짢았지요. 그래서 목욕 가운이나 짧은 옷을 입으면 흉하게 보였어요." 이 부인이 건강한 두 아이의 어머니라는 것으로 전적으로 있을 법한 이야기이다. 그녀에게는 아마도 자기를 사랑해주는 남편이 있을 것이며, 사진으로 보아서 아직도 젊고 생기에 넘치는 여성같이 보인다. 중요한 점을 다 구비했는데도 그녀는 자신이 완벽하지 못하기 때문에, '불행하고, 부끄럽게' 느껴지는 것이다. 그녀의 문제는 완전히 인식에 의한 것이다. 그녀는 조그마한 홈 때문에 전체적인 기분을 망치고 있는 셈이다. 그리고 그녀의 남편이나 아이들도 저녁마다 기분좋게 그녀에게 돌아오고 있는데 말이다.

인생을 살다보면 쓰라린 일이 많으며 그 사람의 기분에 영향을 미치는 환경에 대해서 동정하지 않으려는 입장은 아니다. 그렇지만 독자들은 하찮은 일을 가지고 우울해지는 경우가 많다는 것을 알아야만 한다. 그러면 시부모와의 갈등에 대해 생각해 보자(조사한 여성들 사이에서는 9번째 가는 우울증의 원인으로 나와 있다). 아내가 된 사람은 소유욕이 많고, 신경에 거슬리는 시어머니에게 어떻게 대해야 할는지 결정할 수가 있다. 이를 갈기도 하고 울면서 그런 갈등을 속으로 삼킬 수도 있으며, 좀 침착한 태도로 대할 수도 있다. 좀 우습게 여겨질런지도 모르지만, 나는 사랑이 많고 점잖으며 도와 주려고 하는 시부모가 있는 여성을 상상해 보려고 한다. 그런데 그녀에게는 백혈병에 걸려서 입원해 있는 아이가 있다. 만일 내가 요술을 부릴 수 있다면, 그 아이에게는 건강하게 해주고, 반대로 시어머니에게는 고약한 성질을 지니게 해주었다고 하자. 그녀는 이 제안을 받아들이고서 그 기적에 대해 고맙게만 생각할 것이다. 즉, 이것은 내가 말한대로 인식의 차이 즉, 그 문제를 어떻게 생각하느냐에 달려 있는 것이다.

마아타라고 부르는 내 가까운 친구가 있는데, 그녀의 아버지는 한 번도 자기에게 사랑을 보여준 일이 없었다. 그녀는 이제 어른이 되었으며 두 어린애가 있지만, 아직도 그녀는 아버지가 전과 전혀 다른 사람으로 되어 주기를 바라고 있다. 이런 기대 때문에 마아타는 늘 실망하고, 좌절감에 빠지곤 한다. 오

제11장 맺는 말

래 전 그녀의 아들이 태어난 지 일주일만에 죽었을 때도 그 무뚝뚝한 아버지는 장례식에 오지 않았었다. 그는 아직도 마아타나 그의 가족들에게 관심이 전혀 없는데 이것이 그녀에게 깊은 상처를 주고 있는 것이다.

자기 아버지의 이런 무관심(그는 마아타의 아들의 결혼식 때에도 오지 않았다)에 대해 다시 쓰고 있는 편지를 마아타에게서 받은 후, 나는 그녀에게 몇 가지 권고의 말을 적어 보냈다. 그녀는 내가 적어 보낸 것대로 해보고서 큰 성과를 얻었기 때문에, 비슷한 환경에 처해있는 세 명의 부인들에게 이것을 가르쳐 주었다. 그리고는 나에게 앞으로 나올 책에 꼭 이것을 넣어 달라면서 그 편지를 복사해서 보내왔다. 이 아래에 적은 것이 그 편지이다.

마아타, 저는 많은 사람들이 어린 시절에 얻지 못했던 것에 대해 아직도 얻으려고 애쓰고 있다는 것을 매일 매일의 생활에서 깨닫고 있습니다. 어렸을 때 얻는 공허감이 고통스러울수록 우리는 나중에 가서라도 그것을 채워 넣으려고 애를 쓰게 되는 것 같습니다. 당신의 아버지는 어린 딸에게 필요한 아버지로서의 사랑을 주지 않았었지요. 그래서 당신이 아직도 아버지가 딴 사람으로 바뀌어지기를 바라고 있는 것 같군요. 즉, 아버지는 늘 당신을 실망시키고, 상처를 입히고, 거절해 버린 것입니다. 그러나 아버지는 그렇게 할 수 없는 분이고, 앞으로도 해줄 수 없는 분이라고 생각해 버리면 당신의 고통은 훨씬 적어질 것 같군요. 이런식으로 생각해 버리는 것은 당신에게 있어 어려운 일입니다. 저도 어린 시절에 겪은 공허감을 메꾸어 보려고 여지껏 애를 쓰고 있으니까요. 그렇지만 헛된 희망을 버리는 것이 오히려 상처를 적게 해줄 것입니다.

당신 아버지는 어린 시절에 특별한 환경에서 지냈기 때문에, 어떤 핸디캡을 안고 있는 것인지도 모릅니다. 만일 아버지가 장님이라면 그 보지 못하는 대신에, 당신은 그만큼 더 아버지를 사랑해야 합니다.

즉, 그는 감정적으로 장님인 셈이니까요. 그는 당신이 필요로 하는 것을 볼 수 없습니다. 그는 불행한 사건들과 의견이 맞지 않는 일이 얼마나 큰 상처를 주는지 알지 못합니다. 즉 당신 아기의 장례식, 당신의 생활에 대한 무관심, 그리고 보브의 결혼식이 그렇습니다. 그의 불구 때문에, 그는 당신의 기분과 기대를 알아차리지 못하는 것입니다. 만일 당신의 아버지가 큰 상처를 입었기 때문에 영원한 불구자가 되었다는 것을 수긍한다면, 당신은 여러 가지 소외감의 고통에서 벗어날 수가 있을 것입니다.

당신이 요구한 것은 이런 혹평은 아니었을 것이며, 당신이 바라는 대로 말해 주지 못한 것 같습니다. 그렇지만 당신의 편지를 읽으면서 이런 생각이 자꾸만 떠오르더군요.

적어도 우리는 맺어짐을 기다리고 있답니다. 마아타 존과

제11장 맺는 말

보브 그리고 윌리엄 가문 전체에 행운을 빕니다.

친애하는 짐으로부터

이 편지는 마아타에게 도움을 주었지만 고통스러운 현실을 개선해 주었기 때문은 아니다. 그녀의 아버지는 요즈음도 전과 마찬가지로 생각이 없고, 딱딱하기만 하다. 바뀐 것은 아버지에 대한 마아타의 인식이다. 이제 마아타는 상처를 받은 어린 마음이 그로 하여금 외부세계와 감정이 고립되어서 어린 시절을 비참하게 보냈다는 것을 알았다. 이 편지를 받은 후 마아타는 자기 아버지가 어렸을 때, 극단적인 환경 때문에 큰 상처를 받았다는 것을 알게 되었다(무엇보다도 아버지의 친척되는 아주머니가 아버지에게 무정하게 할아버지가 갑자기 돌아가셨다고 말해주고 나서, 아버지에게 심한 벌을 주었다는 것이다). 내가 예상한대로 마아타의 아버지는 큰 핸디캡을 갖고 있었다.

이 책을 읽은 여성들 중에 몇 사람은 내가 말한 여성들의 욕구를 전혀 이해하지 못하는 남성과 결혼한 사람도 있을 것이다. 그들의 감정구조가 다른 사람의 감정이나 좌절감을 이해하지 못하도록 되어 있을 수가 있다. 특히 이성에 관해서는 더욱 말이다.

그런 사람들은 이 책을 읽으려 들지도 않을 뿐더러, 혹시 읽는다 해도 오히려 화를 내게 될 것이다. 그들은 누구에게 "주도록 요구받은 적도 없으며, 또 어떻게 하는 것인지도 모르고 있다. 그러면 그런 사람의 아내는 어떻게 해야 할까? 남편이 당신의 바라는 것을 전혀 알아채지 못한다면 어떻게 하겠는가…?"

내가 해주고 싶은 말은 변화될 수 있는 것을 바꾸려고 하고, 이해될 수 있는 것을 설명해 주어야 하며, 배울 수 있는 것만 가르치고, 좋아질 가능성이 있는 것만을 교정하며, 결정될 수 있는 것만을 타협하라는 것이다. 전혀 다른 성격을 가진 불완전한 인간 두 사람이 원래 그대로의 본성을 가지고 가능한 한 훌륭한 결혼생활을 창조해야 한다. 그렇지만 다듬을 수 없는 거친 일면과 없애 버릴 수 없는 결점에 대해서는 가능한 한 좋은 인식을 갖도록 노력하며, 현실을 있는 그대로 받아들이는 것 밖에는 할 수가 없다.

정신 건강에 있어서 가장 중요한 원칙은 바꾸어 볼 수 없는 사실을, 있는 그대로 받아들이는 것이다. 여러분의 힘으로는 해볼 수 없는 역경이라 할지라도, 내 친구 토미처럼 그것을 참고 견딜 수 있게 될 것이다. 끝까지 견뎌내든가 아니면 비겁하게 항복해 버리든가 할 것이다.

우울증이란 것은 정신적으로 패배했다는 증거이다.
누군가는 이렇게 썼다.

제11장 맺는 말

인생은 내게 기쁨과 평안을 주지 못한다.
그것을 바라도록 만들어 줄 뿐…
인생은 내게 시간과 장소를 준다.
내가 그것을 채우도록…

당신은 남편이 당신이 필요로 하는 것을 모두 만족시켜 줄 수 없다는 것을 받아들일 수가 있는가? 인간으로서 다른 사람의 가슴 속에 있는 온갖 소망과 바람을 충족시켜 줄 수는 없는 일이다. 분명히 동전에는 두 면이 있다. 당신 역시 완전한 여성이 될 수가 없는 것이다. 당신이 24시간 내내 그의 성에 대한 몽상을 만족시켜 주는 기계가 되는 것 이외에 남편이 당신의 정신적인 욕구를 충족시켜 줄 수 있는 능력은 없는 것이다. 부부가 서로 인간적인 약점과 결점 그리고 피로감과 초조감, 그리고 때때로 밤에 오는 두통을 해결하기 위해 애써야만 한다. 좋은 결혼이란 것은 완전한 것을 가리키는 것이 아니다. 그것을 해결할 수 없는 많은 것들을 간과할 줄 아는 원만한 태도로서만 이루어지는 관계인 것이다. 내 아내 셜리에게 감사하는 것은 나에게 그런 태도를 취해 준 때문이다.

나는 앞장에서 아버지로부터 가치관과 태도에 있어 어느 누구에게보다 많은 영향을 받았다고 말했었다. 그것은 특히 아버지가 어머니를 존중해 주고 사랑하는(그리고 아버지에 대한 어머니의 태도도 마찬가지였다)면에 있어서 더욱 그러하다.

그 분들은 41년 동안 같이 지냈으며, 지금도 지내 온 40년과 똑같이 서로를 위해 모든 힘을 다하며 살고 계시다. 이 책을 끝내면서 아버지가 해 주신 말씀을 인용해 보는 것이 좋을 것 같다. 이 말씀은 어머니의 50회 생신에 아버지가 써주신 것이다. 그 해 봄철은 아버지로 하여금 인생의 짧음과 노년기에 대해 깊이 생각하도록 만들었던 것 같다. 이 시의 제목은 '당신의 생일에'이며, 이 시를 읽고 어머니는 우시고 말았다.

지금은 온 세상이 봄을 노래하는데
나는 떠오르는 햇빛 속에 굴뚝 새 한 마리를 보고 있소
연두빛 잎새 틈으로, 솟아나는 새싹들이 네게 속삭이고 있소
하지만 우리가 걷고 있는 길은 가을
우리에게는 여름도 이미 지나가 버린 것을
이젠 세찬 바람만 일고 있소
눈과 진눈깨비와 추위만이 우리를 넘어뜨리려고
맹렬히 몰아쳐 오는데
봄철에 가을을 느끼는 그대는 놀라고 있는가?
여리게 비추는 봄볕은 맑기만 해
그대 머리카락에 엉켜붙은 서리를 다 녹여 버리오
내 사랑이여, 그대 이런 우물 속에 잠겨 있음을
내 알거니와,
내 여기 그대와 같이 있는 않은가.

제11장 맺는 말

또한, 손에 손을 맞잡고서 겨울을 맞이 하리라.

이것이야말로 참으로 풍성한 사랑의 표현이 아니겠는가? 아버지는 몰아치는 바람과 우울한 빛 속에서도 어머니와 같이 견디어 주겠다고 약속했다. 아버지의 약속은 이기적인 욕심이나 몇 날만에 무너지는 약속이 아니다. 그것은 굽힐 줄 모르는 의지력이 뒷받침하고 있는 약속이다. 이런 영적인 결합이야말로 여성들이 남편에게서 바라는 것이라는 것을 알 수가 있을 것이다. 혼자만이 아니라면 인간들은 극한 상황에서도 살아날 수 있다. 우리는 사회적인 동물이기 때문에, 하와를 얻기 전의 아담과 같은 고독을 견딜 수가 없다. 여성은 남성을 필요로 하고 남성은 여성을 필요로 하며, 이것이 바로 지금까지 계속되어 온 원칙이다.

또한 여성에 있어서 우울증을 초래하는 모든 요인에 대해서도 이와 똑같은 결론이 얻어졌음을 여러분은 볼 수 있었다. 우리는 한 가지 문제를 가지고 열 가지의 측면에서 본 것 뿐이다. 쉽게 말하면 가정이란 것은 전능하신 하나님의 특별한 목적과 계획과 뜻으로 만드신 것이다. 그 계획하신대로 해나가기만 한다면 사랑이라는 아름다운 관계를 통해서 남편과 아내 그리고 자녀들의 정서적인, 신체적인 욕구는 다 충족되어질 것이다. 그러나 이런 기능이 막혀 버리거나 파괴된다면, 가족

들 모두가 채워지지 않은 욕구 때문에 불편하게 될 것이다. 그
것이 바로 내가 하고 싶은 말이다. 그것을 이 책을 통해서 말
씀드리고 싶은 것이다. 가정 전체가 하나님의 계획대로만 따
른다면 모두가 자신감을 갖게 될 것이다. 즉, 낭만에의 동경을
만족시켜 주고, 고독감이나 단절감, 지루함을 없애주며, 성적
으로도 만족감을 주고, 결혼이라는 것을 든든히 결속시켜 주
며, 어린이들에게 안정을 주고, 부모들에게는 뚜렷한 목표를
주는, 그래서 결국 자신감을 더욱 높여주는 결과가 될 것이다.
이런 사슬은 약하게 연결되어 있지 않다. 온 우주 만물들과 마
찬가지로 하나님의 피조물로서의 아름다움을 드러내 주는 것
이다. 그러나 하나님이 주신 공기와 물을 오염시킨 것처럼, 이
것 또한 그르쳐 버릴 수가 있는 것이다. 성에 대한 관대함, 혹
은 이기심, 혹은 눈코뜰새 없이 바쁜 생활을 통해서, 가정이
더럽혀질 수가 있으며, 그렇게 되면 그 앞에서는 질병과 낙담
만이 기다리게 될 것이다. 오늘날 미국의 가정들은 깊이 병들
어 있으며, 내가 말한 우울증의 만연은 그 악성질환의 주된 증
상일 뿐이다.

대부분의 여성이 남편에게 바라는 것은 무엇인가?

그것은 좀더 큰 집이나 훌륭한 설거지 기계, 혹은 신형 자동
차가 아니다. 그것은 "인생에서 겪는 슬픔과 기쁨을 손에 손을
맞잡고 견디어 내리라"는 확신이라고 볼 수가 있다.

다정한 남편의 사랑스런 아내 이해하기

지은이 • 제임스 도브슨
옮긴이 • 권명달
발행인 • 권명달
펴낸곳 • 보이스사
1996년 9월 16일 • 수정 1판 인쇄
1996년 9월 20일 • 수정 1판 발행
전화 • (代) (02)272-2711~5
팩스 • (02) 274-6100
주소 • 서울시 중구 충무로 3가 24-13
등록 • 제2-160호(1966. 2. 23)
ISBN 89-504-0107-X

값 5,000원

* 파본 및 잘못된 책은 바꾸어 드립니다.
* 무단복제는 법률에 의해 금지되어 있습니다.